JANKE SCHÄFER

111 Genießerrezepte bei Rheuma

Entzündungen mit Genuss reduzieren

Kleine und große Köstlichkeiten ganz einfach zubereiten!

2. Auflage

humboldt

WITH LOVE
A LITTLE SOMETHING JUST FOR YOU

VORWORT

Liebe Leser,

wie schön, dass Sie sich für diesen Ratgeber entschieden haben! Vielleicht fragen Sie sich, was mich dazu berechtigt, Ihnen Tipps zur Ernährung bei rheumatischen Erkrankungen zu geben. Schließlich bin ich weder Ärztin noch Ernährungsberaterin. Die Antwort ist einfach: Ich spreche aus langjähriger Erfahrung, denn ich bin selbst betroffen. Ich bin Rheumapatientin und beschäftige mich inzwischen seit über zwanzig Jahren mit verschiedenen Ernährungsformen, die sich positiv auf mein Krankheitsbild auswirken sollen.

Da ich bereits im Kleinkindalter erkrankt bin, habe ich zunächst das gegessen, was auch der Rest der Familie aß. Später habe ich mich unter anderem vegetarisch ernährt, nach dem Low-Fat-Prinzip gelebt und mich an Fastenkuren versucht, um meinen Körper von Giftstoffen zu befreien.

Es gibt so viele Ernährungsansätze für die verschiedensten Erkrankungen, aber gibt es auch *die* Rheumadiät? Dieser Frage bin ich auf den Grund gegangen und kann Ihnen bereits hier und jetzt ganz deutlich sagen: Jein! Aus meiner langjährigen Erfahrung, durch den Austausch mit Rheumapatienten und Ärzten, spreche ich viel lieber von „Empfehlungen".

So individuell und vielfältig der Themenkreis Rheuma ist, so unterschiedlich sind unsere Körper. Was dem einen hilft, kann bei dem anderen völlig wirkungslos bleiben. Es gibt jedoch Ansätze, die Ihnen als Rheumapatient dabei helfen, die Ernährungsform zu finden, die für Sie optimal ist. Um diese Ansätze geht es auf den folgenden Seiten und später auch im Rezeptteil.

Mein großer Wunsch ist, dass viele junge Rheumatiker und Menschen, die erst vor kurzem ihre Diagnose erhalten haben, dieses Buch lesen und sich anschließend denken, dass die Sache mit der richtigen Ernährung bei Rheuma gar nicht so schlimm ist. Rheumapatienten sollte nicht jeglicher Genuss verboten werden – im Gegenteil: Damit es uns körperlich gut geht, dürfen und sollten wir uns hin und wieder kulinarische „Seelenstreichler" gönnen.

Seit über drei Jahren schreibe ich im Internet über mein persönliches „Seelenfutter" und verfolge dabei einen ganzheitlichen Ansatz. Mein Weg führte mich zurück zum selbst zubereiteten Essen mit frischen, saisonalen Zutaten, ohne bunte Zusatzstoffe und den Einsatz von Fertigpackungen.

Ich wünsche Ihnen viel Freude und Erfolg beim Nachkochen und Backen. Lassen Sie sich inspirieren!

Herzlichst
Ihre

Janke Schäfer

PS: Ein besonderer Dank gilt meinen Eltern, die mich Zeit meines Lebens genau so lieben und unterstützen, wie ich bin – oder wie mich die Krankheit manchmal sein lässt.

DIE RICHTIGE ERNÄHRUNG BEI RHEUMA

Rheuma ist eine Volkskrankheit, etwa ein Viertel der Deutschen hat zumindest zeitweise rheumatische Beschwerden. In diesem Kapitel werden die wichtigsten Krankheiten des rheumatischen Formenkreises kurz beschrieben, dabei liegt der Fokus auf Empfehlungen zur Ernährung. Bestimmte Ernährungsweisen können die Symptome einer rheumatischen Erkrankung positiv beeinflussen.

Rheuma – eine Erkrankung mit vielen Gesichtern

Krankheiten des rheumatischen Formenkreises betreffen laut Rheuma-Liga e. V. aktuell etwa 20 Prozent aller Deutschen jeder Altersgruppe. Was früher als „Krankheit der Alten" galt, plagt also tatsächlich jeden Fünften von uns, egal ob Kind, junger Erwachsener oder Senior. Zum Beispiel tritt die Juvenile Idiopathische Arthritis schon im Kleinkind- bis Jugendalter auf. Hier ist eine frühzeitige Diagnose und Therapie besonders wichtig, um chronische Gelenkschäden zu verhindern.

Doch was genau ist Rheuma? Unter diesem Begriff werden sämtliche Beschwerden am Stütz- und Bewegungsapparat mit fließenden, reißenden und ziehenden Schmerzen zusammengefasst. Betroffen sind Gelenke, Muskeln, Knochen, Bindegewebe oder Sehnen. Es gibt über hundert rheumatische Krankheitsbilder, bei einigen Formen können auch Organe wie Herz, Lunge, Nieren, Haut sowie das Nervensystem betroffen sein. Eine schnelle, korrekte Diagnose ist aufgrund dieser Vielzahl der Beschwerdebilder oftmals nicht einfach. Einen groben Überblick bietet die Einteilung in vier Hauptgruppen:

- **Entzündlich-rheumatische Erkrankungen** – zum Beispiel rheumatoide Arthritis, Morbus Bechterew, Psoriasis-Arthritis und Kollagenosen (wie systemischer Lupus erythematodes)
- **Degenerative rheumatische Erkrankungen** – zum Beispiel Arthrose
- **Stoffwechselstörungen mit rheumatischen Beschwerden** – zum Beispiel bei Osteoporose oder Gicht
- **Rheumatische Schmerzkrankheiten,** der sogenannte Weichteilrheumatismus – Muskeln, Bänder, Sehnen und Schleimbeutel sind schmerzhaft verändert

!

Wenn man von Rheuma spricht, ist meist die rheumatoide Arthritis gemeint. Sie gehört zu den häufigsten Rheumaerkrankungen.

Entzündlich-rheumatische Erkrankungen

Normalerweise ist eine Entzündung eine sehr wichtige Abwehrreaktion unseres Körpers. Ein Fremdstoff, Antigen oder Gewebeschaden alarmiert dabei das Immunsystem und dieses reagiert mit einer Entzündung im betroffenen Organ, im umgebenden Bindegewebe, in den beteiligten Blutgefäßen und im angrenzenden Lymphsystem. Dabei kommt es zu den typischen Anzeichen einer Entzündung:

- Schmerzen
- Schwellung
- Überwärmung
- Rötung
- Funktionsstörung

Normal verlaufende, akute Entzündungen klingen in der Regel nach wenigen Tagen ab. Bleibt die Ursache für die Störung jedoch bestehen, reagiert unser Immunsystem darauf mit einer chronischen Entzündung.

Beim entzündlichen Rheuma handelt es sich um eine sogenannte Autoimmunerkrankung, das heißt, die Abwehrkräfte richten sich gegen körpereigene Strukturen, es entstehen chronische Entzündungen. Gelenkoberflächen und bestimmte Zellen in inneren Organen werden zerstört oder beeinträchtigt. Die auslösenden Faktoren für diese Fehlfunktion sind noch nicht abschließend geklärt.

Die häufigsten entzündlich-rheumatischen Erkrankungen sind:

- Rheumatoide Arthritis (Entzündungen der Gelenke)
- Morbus Bechterew (Entzündungen der Wirbelsäule)
- Systemischer Lupus erythematodes (u. a. Entzündungen der Gelenke und des Bindegewebes)

Es gibt keine allgemeingültige „Rheumadiät“, doch es wurde nachgewiesen, dass Nahrungsmittel den Verlauf einer entzündlich-rheumatischen Erkrankung beeinflussen können. Dabei geht es vor allem um eine entzündungshemmende oder entzündungsfördernde Wirkung bestimmter Stoffe in den Nahrungsmitteln. Ganz allgemein ist eine Ernährung mit wenig Zusatzstoffen zu empfehlen, mit viel frischem Obst und Gemüse, mit wenig Fleisch und Wurst, mit guten und gesunden Fetten.

Degenerative rheumatische Erkrankungen

Bei degenerativen, also verschleißbedingten Erkrankungen wie Arthrose schmerzen die Gelenke, weil die Knorpelschicht angegriffen ist und die darunter liegenden Knochen schutzlos gegeneinander reiben. Die Ursache ist in der Regel eine Überbelastung, durch exzessiven Sport, Übergewicht oder eine dauerhafte Fehlbelastung. Eine Abnutzung des Gelenks infolge des Alters kann ebenfalls zur Arthrose führen.

!

Auch bei verschleißbedingten Formen von Rheuma können Entzündungen entstehen.

Ist der Knorpel einmal abgenutzt oder defekt, kann er nicht mehr aufgebaut werden. Doch Sie können die Beweglichkeit der Gelenke beeinflussen und verhindern, dass die Abnutzung voranschreitet oder Entzündungen entstehen. Dazu gilt es sich zu bewegen, Übergewicht zu vermeiden bzw. abzubauen und auf eine Ernährung zu achten, die Entzündungen entgegenwirkt.

Stoffwechselstörungen mit rheumatischen Beschwerden

Gicht ist eine Störung des Harnstoffwechsels. Sie führt zu Ablagerungen von Harnsäurekristallen in Gelenken und Gewebe, was rheumatische Beschwerden verursacht. Die Osteoporose (Knochenschwund) kommt als eigenständige Krankheit vor oder als Folge einer anderen Erkrankung – zum Beispiel kann sie von einer rheumatischen Arthritis hervorgerufen werden. Um den Stoffwechsel positiv zu beeinflussen, sollten Sie genügend Vitamine und Mineralstoffe zu sich nehmen, viele frische Produkte und wenig Fleisch.

Weichteilrheumatismus

Als Weichteilrheumatismus werden verschiedene entzündliche und nicht-entzündliche rheumatische Erkrankungen, die die „weichen" Gewebe des Bewegungsapparats wie Gelenkkapseln, Bänder, Sehnen und Muskulatur betreffen, bezeichnet. Diese Erkrankungen sind oft sehr schmerzhaft und können die Mobilität sowie das tägliche Leben stark beeinträchtigen.

Es gibt verschiedene Ursachen, zum Beispiel eine genetische Veranlagung, aber auch eine dauernde Überlastung, falsche Bewegungen oder örtliche Abkühlungen, zum Beispiel durch kalten Luftzug.

Konkrete Ernährungsempfehlungen gibt es nicht, doch eine abwechslungsreiche Ernährung mit viel Frischkost, Fisch und wenig Fleisch scheint günstige Effekte zu haben.

Ernährung bei Rheuma

Die Ernährung spielt also vor allem bei den entzündlich-rheumatischen Erkrankungen eine große Rolle, aber auch bei allen anderen Formen ist sie ein wichtiger Teil der Therapie. Denn diese können ebenfalls mit entzündlichen Prozessen einhergehen, die es zu vermeiden bzw. zu lindern gilt.

Hier möchte ich mit diesem Buch ansetzen und versuchen, folgende Fragen aus Patientensicht zu beantworten:

- Was muss ich bei meiner Ernährung beachten, wenn ich unter entzündlichem Rheuma leide?
- Welche Lebensmittel begünstigen eine Entzündung?
- Welche Lebensmittel eignen sich besonders gut als Entzündungshemmer?

- Welche Lebensmittel beugen Osteoporose als Folge einer rheumatischen Erkrankung vor?
- Was sind die Gefahren einer einseitigen Ernährung?
- Sind Nahrungsergänzungsmittel sinnvoll?
- Kann eine Ernährungsumstellung die Rheumaerkrankung beeinflussen?

Was muss ich als Rheumapatient bei meiner Ernährung beachten?

Diese Frage möchte ich als erstes umformulieren in „Was *kann* ich beachten?“. Denn „muss“ steht für einen Faktor, den Sie dringend vermeiden sollten: Stress. Selbstverständlich gibt es Verpflichtungen und Dinge, die Sie tun „müssen“, zum Beispiel im Beruf. Hier geht es jedoch um Ihren Körper und Ihre Ernährung. Was *können* Sie als Rheuma-Patient also beachten?

Vermeiden Sie Stress

Stress kann einen negativen Einfluss auf den Krankheitsverlauf haben, zum Beispiel kann er die Entzündungsaktivitäten und die Schmerzen verstärken. Insbesondere „Alltagsstress“ hat diese Auswirkungen, also Ärgernisse des täglichen Lebens, wie Stress im Beruf und häufige Streitigkeiten mit dem Partner oder in der Familie. Wenn Sie sich häufig überfordert und gestresst fühlen, dann sollten Sie die Stressquellen identifizieren und sich Gedanken darüber machen, wie Sie den Stress reduzieren können.

Auch beim Thema Ernährung gilt es Stress zu vermeiden. Zwingen Sie sich nicht in irgendwelche Ernährungsformen, Diäten, Fastenkuren oder hochgepriesene Trends, wenn Sie am Ende des Tages unglücklich und hungrig sind. Gehen Sie stattdessen zu einer Ernährungsberatung und lassen Sie sich individuell helfen.

Viele Rheumapatienten leiden unter Übergewicht beziehungsweise unter starken Gewichtsschwankungen, oftmals als Folge ihrer eingeschränkten Bewegungsfähigkeit und der Einnahme von kortisonhaltigen Medikamenten. Natürlich ist Übergewicht nicht förderlich für die Gelenke, aber versuchen Sie auch hier den Druck von sich zu nehmen. Falls Sie mit Gewichtsproblemen kämpfen, verspricht eine dauerhafte Umstellung Ihrer Essgewohnheiten sehr viel mehr Erfolg als jede kurzfristige Trend-Diät.

Essen Sie regelmäßig

Ein fester Tagesrhythmus ist für Menschen mit Rheuma sehr wichtig, auch was die Mahlzeiten angeht. Essen Sie regelmäßig, gewöhnen Sie Ihren Körper an Ihren ganz persönlichen Ablauf. Besonders wenn Sie Medikamente einnehmen, sollten Sie möglichst immer zur gleichen Zeit essen. Nicht umsonst sollten bestimmte Mittel vor, zu oder nach einer Mahlzeit eingenommen werden und können nur dann optimal wirken, wenn Sie dies beachten.

!

Ein fester Tagesrhythmus beugt Stress vor. Wenn Arbeit, Erholungszeiten und Mahlzeiten immer gleich ablaufen, tut das dem Körper gut.

Hier gebe ich Ihnen ein Beispiel für einen Essensplan mit drei Hauptmahlzeiten und zwei Zwischensnacks:

- Frühstück (z. B. Vollkornbrot mit Belag oder Müsli mit Joghurt)
- Snack (z. B. Obst)
- Mittagessen (z. B eine warme Hauptspeise, Suppe oder Salat)
- Snack (z. B. ein Muffin oder Früchtequark)
- Abendbrot (z. B. warme Hauptspeise oder Brotzeit)

Sie sind zwischendurch nicht hungrig und brauchen keinen Snack? Dann lassen Sie ihn weg. Vielleicht essen Sie stattdessen lieber direkt nach dem Mittagessen einen süßen Nachtisch. Auch bleibt es Ihnen überlassen, ob Sie mittags oder abends warm essen. Manche Menschen vertragen zum Abendessen nur leichte Kost, andere nehmen abends ihre Hauptmahlzeit ein. Probieren Sie aus, was Ihrem Körper am besten bekommt.

Essen Sie bewusst und achten Sie dabei auf Ihren Körper. Er zeigt Ihnen ziemlich genau, was er gut verträgt und was nicht.

!

Achten Sie auf Ihren Körper – er zeigt Ihnen ziemlich genau, welche Lebensmittel ihm guttun und welche nicht.

Wenn Sie erst einmal angefangen haben, auf Ihr Essverhalten zu achten, spüren Sie recht schnell, ob Sie zu eilig geschlungen, zu viel, zu wenig oder zu fettig gegessen haben.

Vermeiden Sie überflüssige Zusatzstoffe

Als Rheumapatient müssen Sie oft genug Medikamente einnehmen, die diverse Nebenwirkungen haben. Bei der Auswahl Ihrer Lebensmittel haben Sie hingegen die Wahl: Entscheiden Sie sich so oft wie möglich für Lebensmittel ohne chemische Zusatzstoffe, künstliche Aromen und Geschmacksverstärker. Viele Fertigprodukte enthalten darüber hinaus zu viele und „schlechte" Fette sowie ein Übermaß an Industriezucker und Weißmehl. Idealerweise bereiten Sie sich Ihre Mahlzeiten aus frischen Zutaten zu.

Bleiben Sie in Bewegung

Auch kranke Gelenke möchten bewegt werden. Damit meine ich nicht nur kleine Spaziergänge an der frischen Luft, sondern zum Beispiel auch die Küchenarbeit. Kneten Sie Brotteig, wenn möglich, auch mal mit der Hand durch, anstatt mit der Küchenmaschine. Stechen Sie in der Vorweihnachtszeit Plätzchen aus und belegen Sie Ihren nächsten Kuchen mit vielen kleinen Beeren. Ihre Finger werden Ihnen diese Bewegungseinheiten danken. Wenn Sie mal einen schlechten Tag haben, finden Sie im Kapitel „Küchentipps" einige Anregungen, wie Sie sich die Arbeit in der Küche erleichtern können.

Welche Lebensmittel begünstigen eine Entzündung?

Es gibt tatsächlich Lebensmittel, die Entzündungen im Körper fördern. Hier liegt der Fokus der Ernährungsexperten auf den schädlichen Fettsäuren, insbesondere der Arachidonsäure.

Problem Arachidonsäure

Arachidonsäure ist eine mehrfach ungesättigte Fettsäure und gehört zu den Omega-6-Fettsäuren. Sie steckt überwiegend in tierischen Lebensmitteln, in Fleisch, Innereien, Eiern und fettreichen Milchprodukten. Aus ihr werden im Körper Eikosanoide gebildet, das sind hormonähnliche Substanzen, die Entzündungsprozesse unterstützen und verstärken. Sie sollten also nicht zu viel Arachidonsäure zu sich nehmen.

In geringen Mengen wird Arachidonsäure im Körper aus der Linolsäure gebildet, der weitaus größte Teil wird mit der Nahrung aufgenommen. Hier können Sie ansetzen, indem Sie weitestgehend auf fettreiche, tierische Lebensmittel verzichten. Dazu zählen Fleisch, fettreiche Wurst- und Käsesorten, Eigelb, Sahne, Butter und fettreicher Quark. Bratfette wie Schweine- und Butterschmalz können Sie durch pflanzliche Fette ersetzen.

Allerdings ist die schädliche Arachidonsäure nicht der einzige Inhaltsstoff eines Lebensmittels, daher gilt es zu differenzieren. Zum Beispiel enthalten Fisch und Meeresfrüchte Arachidonsäure, haben jedoch auch einen sehr hohen Gehalt an wertvollen Fettsäuren, den Omega-3-Fettsäuren. Diese sind quasi die Gegenspieler zu den schädlichen Fettsäuren, weshalb Fisch nicht von Ihrem Speiseplan verschwinden sollte.

Bei Milchprodukten sieht es ähnlich aus: Sie enthalten ebenfalls schlechte Fettsäuren, jedoch benötigen Sie das wertvolle Eiweiß und den Knochenbaustein Kalzium – als Mensch mit Rheuma ganz besonders. Essen Sie daher Milchprodukte, aber bevorzugen Sie die fettarmen Varianten von Käse, Quark, Joghurt, Sahne, Butter und Margarine.

!

Tauschen Sie Eiernudeln und Spätzle gegen Pasta aus Hartweizengrieß ein und genießen Sie das Ei lieber sonntags zum Frühstück.

Butter oder Margarine?

Was die Butter betrifft, so verzichte ich persönlich auf die künstlich hergestellte Margarine samt Emulgatoren. Ich bestreiche mein Brot lieber dünn mit hochwertiger Butter und nehme nur einen Klacks Butter, um die Sauce zu verfeinern. Wie heißt es so schön: „Die Dosis macht das Gift.“ Deshalb finden Sie in diesem Buch Rezepte mit pflanzlichen Fetten, aber auch mit Butter. Doch dies ist Geschmackssache, bitte entscheiden Sie selbst, was Sie in Ihrer Küche verwenden möchten.

!

Auch wenn Sie die Dosis vielleicht reduzieren können – keine noch so optimale Ernährungsweise kann die medikamentöse Behandlung rheumatischer Erkrankungen ersetzen.

Welche Lebensmittel eignen sich besonders gut als Entzündungshemmer?

Seit Jahren beschäftigt sich die Wissenschaft damit, ob sich der Verzehr bestimmter Lebensmittel auf rheumatische Beschwerden auswirkt. Untersuchungen haben gezeigt, dass zumindest Beschwerden wie Schwellungen, Überwärmung und Schmerzen bei entzündlich-rheumatischen Erkrankungen durch eine geeignete Ernährung gelindert und der Einsatz von Medikamenten reduziert werden kann.

Antioxidantien

!

Antioxidantien können die Sauerstoffradikale abfangen und damit die Entzündungsreaktion unterbrechen.

Das Zauberwort heißt Antioxidantien, die den Körper vor Freien Radikalen schützen. Freie Radikale sind Sauerstoffmoleküle, die zum einen dafür sorgen, dass die schädliche Arachidonsäure freigesetzt wird, und zum anderen Enzyme aktivieren, welche für die Bildung der Entzündungsstoffe (Eikosanoide) notwendig sind. Bei entzündlichen Rheumaerkrankungen laufen diese Reaktionen extrem verstärkt ab, daher haben Menschen mit Rheuma einen erhöhten Bedarf an Antioxidantien.

Besonders wirksame Antioxidantien sind die Vitamine C und E, die Spurenelemente Kupfer, Selen und Zink sowie verschiedene sekundäre Pflanzenstoffe. Diese schützenden Vitalstoffe sollten ein fester Bestandteil Ihrer Ernährung sein. Sie befinden sich in frischem Obst und Gemüse, in Pflanzenölen, fettem Fisch, Sprossen, Salaten und Kräutern sowie in Ölsaaten und Nüssen.

Vitamin E Untersuchungen haben ergeben, dass der Vitamin-E-Spiegel im Blut von Patienten mit entzündlich-rheumatischen

Erkrankungen häufig erniedrigt ist, vor allem in den betroffenen entzündeten Gelenken. Daher empfiehlt man Rheumakranken bei einer aktiven rheumatischen Erkrankung, 100 bis 200 Milligramm Vitamin E täglich aufzunehmen, in den Phasen geringerer Entzündung bis zu 100 Milligramm. Dies reduziert die Schmerzen und verbessert die Beweglichkeit. Zum Vergleich: Ein gesunder Erwachsener braucht 15 Milligramm Vitamin E am Tag.

Damit Vitamin E vom Körper gut aufgenommen werden kann, braucht es als Helfer Vitamin C und Selen. Am wirksamsten ist es, alle wichtigen Antioxidantien – Vitamin C und E, Selen, Kupfer, Zink und sekundäre Pflanzenstoffe – gemeinsam zu verabreichen.

Vitamin E steckt in Pflanzenölen.

Durchschnittlicher Vitamin-E-Gehalt einiger Lebensmittel

100 g LEBENSMITTEL	VITAMIN E IN mg
Weizenkeimöl	174
Sonnenblumenöl	63
Traubenkernöl	32
Kürbiskerne	30
Haselnüsse	26
Mandeln	26
Weizenkeimlinge	25
Rapsöl	23
Lebertran	20
Sojaöl	17
Pflanzenmargarine	16
Lupinenöl	15
Olivenöl	12
Erdnüsse	11
Erdnussöl	10
Standardmargarine	10
Halbfettmargarine	6
Walnüsse	6
Leinöl	5,8
Walnussöl	3,3
Butter	2
Kokosfett	2
Lachs	2

Vitamin C Im Rahmen einer Studie erwies sich eine überdurchschnittliche Vitamin-C-Versorgung als hilfreich, um ein Fortschreiten der rheumatischen Erkrankung zu verhindern. So empfiehlt man für Gesunde 100 Milligramm Vitamin C täglich, für Rheumakranke 200 Milligramm – jedoch nicht mehr.

Durchschnittlicher Vitamin-C-Gehalt einiger Lebensmittel

100 g LEBENSMITTEL	VITAMIN C IN mg
Acerola, roh	1.700
Hagebutten, roh	1.250
Sanddornbeeren	450
Sanddornsaft	266
Johannisbeeren, schwarz	189
Kiwi	100
Erdbeeren	62
Orangensaft, frisch gepresst	52
Zitronensaft	51
Orangen	50
Paprikaschote, roh	140
Brokkoli, roh	110
Paprikaschote, gedünstet	105
Rosenkohl, gekocht	87
Grünkohl, gekocht	75
Rotkohl, roh	50
Weißkohl, roh	47
Blumenkohl, gekocht	45
Kohlrabi, gekocht	43
Kartoffeln, gekocht	14

Vitamin B12 Vitamin B12 spielt bei verschiedenen Stoffwechselvorgängen eine wichtige Rolle, so ist es zum Beispiel am Abbau bestimmter Fettsäuren beteiligt. Außerdem unterstützt Vitamin B12 die Blutbildung, indem es im Organismus gespeicherte Folsäure in seine aktive Form überführt. Medikamente, welche die Magensäurebildung unterbinden (sogenannte Protonenpumpenhemmer wie Omeprazol), können auf Dauer dazu führen, dass zu wenig Vitamin B12 aufgenommen wird.

Selen Auch der Selenspiegel ist bei Menschen mit Rheuma häufig zu niedrig. Klinische Untersuchungen haben gezeigt, dass eine bessere Selenversorgung das Entzündungsgeschehen mindert. Als Rheuma-Patient brauchen Sie 100 bis 300 Mikrogramm Selen pro Tag. Jedoch liegt die gesundheitsfördernde Zufuhr von Selen eng bei derjenigen, die gesundheitsschädigend ist. So sollten Sie täglich nicht mehr als einen Esslöffel Kokosflocken oder Sesam essen, auf keinen Fall mehr als 50 Gramm.

Durchschnittlicher Selengehalt selenreicher Lebensmittel

100 g LEBENSMITTEL	mg SELEN
Kokosnuss	810
Schweineniere	206
Hummer	130
Paranüsse	103
Sonnenblumenkerne	69
Sesam	800
Steinpilze	184
Karpfen	7–130
Languste	99
Sojabohnen, Sardinen	60

Kupfer und Zink Neben Selen sind die Spurenelemente Kupfer und Zink zwei wichtige Antioxidantien. Sie helfen unter anderem dem Körper dabei, Vitamin E aufzunehmen. Kupfer und Zink sind sowohl in pflanzlichen als auch in tierischen Lebensmitteln enthalten.

Besonders reich an Kupfer sind Schalentiere wie Krebse und Hummer, Nüsse, Kakao, Vollkorngetreide und Hülsenfrüchte.

Die wichtigsten Zinklieferanten sind Fleisch, Eier, Käse und andere Milchprodukte, einige Fische, besonders Schalentiere, Roggen- und Weizenkeime, Weizenkleie und Haferflocken.

Sekundäre Pflanzenstoffe Hinter diesem Oberbegriff verbergen sich mehr als 30.000 verschiedene Substanzen, die ausschließlich von Pflanzen gebildet werden. In ihrer Funktion als Antioxidantien fangen sie reaktionsfreudige und somit gefährliche freie Radikale ab.

Zusätzlich sind sekundäre Pflanzenstoffe dafür bekannt, dass sie die antioxidative Wirkung der Vitamine A, C und E um ein Vielfaches übertreffen bzw. steigern können.

Die wichtigsten sekundären Pflanzenstoffe mit antioxidativer Wirkung sind:

- Karotinoide: Alpha-Carotin, Beta-Carotin, Lykopin, Lutein und Zeaxanthin: in gelben und orangefarbenen Obst- und Gemüsesorten sowie dunkelgrünem Blattgemüse
- Polyphenole: in Weizenkleie und Olivenöl
- Flavonoide: in Äpfeln und Gemüse, Pflanzenöl und Fisch
- Sulfide: in Zwiebeln, Knoblauch und Rettich

!

Flavonoide können nur wirken, wenn gleichzeitig Vitamin E vorhanden ist.

!

Ein Tipp für den Einkauf von Obst und Gemüse: Beinahe alles was rot und grün ist, hat Vorteile für Sie als Rheumapatient.

Lebensmittel, die wichtige Antioxidantien enthalten
Gemüse: Brokkoli, Grünkohl, Mangold, Knoblauch, Tomate, Zwiebel, Spinat, Weißkohl, Rote Bete
Obst: Ananas, Kirsche, Brombeere, Heidelbeere, Himbeere, Erdbeere, Wassermelone, Kiwi, Granatapfel, Apfel
Fische: Lachs, Hering, Makrele, Sardelle
Kräuter: Bärlauch, Dill, Brennnessel, Ingwer, Kurkuma, Thymian
Tier- und Pflanzenfette: Leinöl, Rapsöl, Hanföl, Fischöl, Kokosöl
Nüsse und Saaten: Walnuss, Chia, Leinsamen, Pekanuss
Probiotische/fermentierte Lebensmittel: Sauerkraut, Kimchi, Kombucha, Joghurt und Kefir
Gewürze: schwarzer Pfeffer, Chili, Curry, Kurkuma, Zimt, Oregano

Die richtigen Fette

Rheumapatienten, die Gewicht verlieren möchten, achten oft auf eine fettarme Ernährung. Das sollte jedoch gar nicht ihr Ziel sein. Im Gegenteil. Entsteht ein Mangel an Omega-3-Fettsäuren, kann dies zu steigenden Entzündungswerten führen. Viel wichtiger ist es, sich darauf zu konzentrieren, die richtigen Fette aufzunehmen.

Insbesondere die lebensnotwendigen, essenziellen Fettsäuren der Omega-3- und Omega-6-Reihe spielen für Rheumapatienten eine wichtige Rolle. Die mehrfach ungesättigte Alpha-Linolensäure (Omeaga-3-Fettsäure) dient unter anderem als Ausgangssubstanz für die körpereigene Herstellung weiterer Fettsäuren. Dabei ist vor allem die Umwandlung in Eicosapentaensäure (EPA) und Docosahexaensäure (DHA) von Bedeutung. Sowohl EPA als auch DHA hemmt die Umwandlung der Arachidonsäure in die entzündungsfördernden Substanzen. Hingegen bildet der Körper wie oben bereits beschrieben aus der Arachidonsäure entzündungsfördernde Stoffe, die Eikosanoide. Daher sollten Sie darauf achten, nicht zu viel davon aufzunehmen.

Die Wirkung der Omega-Fettsäuren

- Omeaga-3-Fettsäuren hemmen Entzündungen. Dazu zählen Eikosapentaensäure (EPA), Docosahexaensäure (DHA) und Alpha-Linolensäure.
- Omega-6-Fettsäuren fördern Entzündungen. Dazu zählen die Folgeprodukte der Arachidonsäure und Linolsäure.

Pflanzliche Lebensmittel sind gute Quellen für Linolsäure und Alpha-Linolensäure. Dabei sollten Sie immer die Alpha-Linolensäure vorziehen. Denn aus Linolsäure kann der Körper Arachidonsäure bilden oder sie kann die Umwandlung der Alpha-Linolensäure zu EPA verhindern. Alpha-Linolensäure hemmt hingegen die Umwandlung der Linolsäure zur Arachidonsäure. Was bedeutet das für Sie? Um die Entzündung in Ihrem Körper zu reduzieren, sollten Sie weniger linolsäurehaltige Fette zu sich nehmen, stattdessen sollten Sie mehr Fette essen, die reich an Alpha-Linolensäure sind.

!

Linolsäure und Alpha-Linolensäure sind die beiden Fettsäuren, die am häufigsten in Speiseölen vorkommen.

Leinöl weist den höchsten Gehalt an Alpha-Linolensäure auf. Weitere Lieferanten sind Raps- und Walnussöl. Der Anteil an Linolsäure ist in Sonnenblumen- und in Distelöl (Safloröl) besonders hoch. Das bedeutet für Sie:

- Vermeiden Sie Sonnenblumenöl, Distelöl (Safloröl).
- Verwenden Sie Leinöl, Rapsöl, Walnussöl, Weizenkeimöl oder Leindotteröl.

Gute Omega-3-Lieferanten

- Lachs, Hering, Makrele und Forelle (geräuchert oder frisch)
- Walnüsse, Mandeln, Haselnüsse
- Leinöl, Rapsöl, Sojaöl, Walnussöl und Weizenkeimöl
- Leinsamen und Chiasamen
- Geringe Mengen befinden sich auch in Spinat, Grünkohl, Rosenkohl und Avocado

Was kommt ins Glas?

Generell sollte jeder Mensch, egal ob krank oder gesund, täglich mindestens 1,5 Liter Flüssigkeit zu sich nehmen, in erster Linie Wasser. Mineralwasser versorgt Sie nicht nur mit Flüssigkeit, sondern auch mit wichtigen Mineralien wie zum Beispiel Kalzium.

Abwechslung bringen Kräuter- und Früchtetees, Obst- und Gemüsesäfte. Achten Sie hier jedoch auf den Zuckergehalt und mischen Sie die Säfte am besten mit Mineralwasser. Erfrischungsgetränke wie Eistee, Limonade, Cola oder Energiedrinks lassen Sie besser im Regal stehen, sie sind wahre Kalorienbomben.

Kaffee, schwarzen und grünen Tee dürfen Sie trinken, wegen der anregenden Wirkung sollten es jedoch nicht mehr als vier Tassen pro Tag sein.

Alkohol in Maßen

Gönnen Sie sich ruhig ab und zu mal ein Glas Wein oder Bier, das hat Studien zufolge keine negativen Auswirkungen auf rheumatische Erkrankungen. Allerdings sollten Sie nicht zu häufig und vor allem keine größeren Mengen Alkohol trinken – das kann zu verstärkten Entzündungsreaktionen führen. Achten Sie darüber hinaus auf Wechselwirkungen mit Medikamenten. Zum Beispiel muss bei Einnahme von Methotrexat (MTX) am selben sowie am Folgetag auf Alkohol verzichtet werden, um Leberschäden zu vermeiden.

Welche Lebensmittel beugen Osteoporose als Folge einer rheumatischen Erkrankung vor?

Aus einem entzündlichen Rheuma kann sich eine Osteoporose (Knochenschwund) entwickeln. Denn aufgrund der chronischen Entzündungsprozesse setzt das Immunsystem Botenstoffe frei, die den Abbau der Knochen fördern. Die Nebenwirkungen der Medikamente tragen ebenfalls dazu bei.

Es ist also sehr wichtig, die Knochen zu stärken und einer Osteoporose vorzubeugen. Dafür benötigt der Körper Vitamin D und Kalzium.

Kalzium

Kalzium ist für die Härtung der Knochen und Zähne zuständig, aber auch für andere Prozesse im Körper. Wird über die Nahrung nicht genügend Kalzium zugeführt, holt der Körper es sich aus den Knochen. Ein Kalziummangel führt also nach und nach zu Knochenschwund.

Die empfohlene Tageszufuhr beträgt 1.000 Milligramm Kalzium pro Tag, für Frauen ab 50 und Männer ab 65 sollten es 1.500 Milligramm sein. Das ist eine ordentliche Portion, wenn man bedenkt, dass ein Glas Milch (200 ml) etwa 240 Milligramm Kalzium enthält.

Diese Lebensmittel sorgen für eine positive Kalzium-Bilanz:

- Milch und Joghurt
- Käse wie Parmesan, Emmentaler, Edamer und Mozzarella
- Grünes Gemüse, besonders Grünkohl, aber auch Brokkoli, Spinat und Mangold
- Kalziumreiches Mineralwasser
- Mandeln und Haselnüsse
- Sojabohnen

Vitamin D

Ihre Knochen brauchen Vitamin D. Unbedingt. Es trägt Sorge dafür, dass das Kalzium aus der Nahrung gut aufgenommen und in den Knochen eingebaut werden kann. So sind sie stabiler.

Vitamin D wird mit der Nahrung aufgenommen, der Körper kann jedoch auch unter Einfluss von Sonnenlicht (UV-B) selbst Vitamin D produzieren – und zwar deckt er 80 Prozent des Bedarfs auf diese Weise. Das ist ein sehr guter Grund für den täglichen Spaziergang an der frischen Luft.

Erwachsene brauchen am Tag 20 Mikrogramm Vitamin D. Im Sommer genügt es, wenn Sie sich 10 bis 25 Minuten in der Sonne aufhalten, um den größten Teil des Bedarfs zu decken. Im Winter wird es wegen des niedrigeren UV-B-Anteils im Sonnenlicht jedoch schwieriger.

Wie können Sie sich also mit Vitamin D versorgen, wenn die Sonne fehlt oder ein Spaziergang nicht möglich ist?

Allein mit der Ernährung wird es schwierig. Zwar sind Seefische wie Makrele, Hering, Lachs, Sardellen oder Heilbutt gute Vitamin-D-Lieferanten. Jedoch müssten Sie täglich bis zu 500 Gramm davon essen, um auf die erforderliche Dosis zu kommen. Daher raten viele Ärzte, zusätzlich Vitamin-D-Tabletten einzunehmen. Lassen Sie Ihren Vitamin-D-Spiegel bei der nächsten Blutuntersuchung bestimmen und beraten Sie sich mit Ihrem Arzt oder Rheumatologen, ob eine entsprechende Therapie nötig ist.

Folgende Lebensmittel tragen zu einer positiven Vitamin-D-Bilanz bei:

- Hering, Lachs, Makrele
- Austern
- Hühnereigelb
- Champignons und Pfifferlinge
- Avocado
- Butter
- Gouda

Vitamin K hat anti-entzündliche Wirkung

Das fettlösliche Vitamin K spielt eine Rolle bei der Bildung der Gerinnungsfaktoren. Außerdem hemmt es bei Frauen nach den Wechseljahren den Knochenabbau, weshalb gerade diese auf eine ausreichende Zufuhr achten sollten, um Osteoporose vorzubeugen. Der Tagesbedarf für Jungen ab 15 Jahren und Männer bis einschließlich 50 Jahre liegt bei 70 µg. Männer ab 51 Jahren sollten 80 µg aufnehmen. Bei Mädchen und Frauen von 15 bis einschließlich 50 Jahren liegt der tägliche Bedarf bei 60 µg, ab dem 51. Geburtstag sollten sie sogar 65 µg aufnehmen.

Grünes Blattgemüse wie zum Beispiel Spinat, Salat und Kohl ist eine gute Vitamin-K-Quelle. Zusätzlich steckt das Vitamin zum Beispiel auch in Hülsenfrüchten.

Die Gefahren einer Mangelernährung

Bitte vermeiden Sie strenge Diäten oder einseitige Ernährungsformen. Versuchen Sie sich und Ihren Körper nicht noch mehr zu schwächen, er kämpft bereits mit einer chronischen Erkrankung und braucht gewisse Nährstoffe, um in dieser Schlacht bestehen zu können.

Mangelernährung und starker Gewichtsverlust schwächen nicht nur Ihr Immunsystem und machen Sie anfällig für Infekte, auch Ihre Muskeln bauen ab. Diese sind jedoch sehr wichtig für den gesamten Stützapparat und sorgen für die nötige Stabilität in Ihren kranken Gelenken.

Vegetarische und vegane Ernährung

Ich selbst habe mich sieben Jahre lang ausschließlich vegetarisch ernährt und es ging mir bis auf einen Eisenmangel sehr gut mit dieser Ernährungsform. Nicht umsonst empfiehlt die Deutsche Gesellschaft für Ernährung e.V. (DGE) für Rheumatiker eine lakto-vegetarische Kost mit viel Obst und Gemüse sowie ein bis zwei Fischmahlzeiten pro Woche. Inzwischen esse ich wieder Fleisch und Wurst in Maßen, da ich Bio-Erzeuger gefunden habe, deren Produkte ich genießen kann. Von abgepackter Massenware möchte ich jedoch abraten.

Sollten Sie eine vegane Ernährung in Erwägung ziehen, wenden Sie sich bitte an Ihren Arzt. Diese Ernährungsform bedarf einer sehr sorgfältigen Beratung und der engmaschigen ärztlichen Überwachung, damit keine Mangelerscheinungen auftreten.

Heilfasten

Viele Rheumatiker haben mit Heilfasten gute Erfahrungen gemacht. Sie sollten jedoch nicht auf eigene Faust damit beginnen: Fasten Sie bitte nur unter ärztlicher Kontrolle und setzen Sie die medikamentöse Therapie während dieser Zeit unbedingt fort.

Laut der Rheuma-Liga e.V. ist Fasten in erster Linie für übergewichtige Patienten zu empfehlen. Zwar könnten kurze Fastenperioden Gelenkschmerzen lindern, allerdings hielten diese Effekte meist nicht lange an. Gerade bei einer aktiven rheumatoiden Arthritis wirke sich der Eiweißverlust in Gelenken, Knochen und anderen Geweben eher negativ aus.

Sind Nahrungsergänzungsmittel sinnvoll?

Nahrungsergänzungsmittel sind bis auf wenige Ausnahmen überflüssig, wenn Sie sich ausgewogen ernähren. Heilerden, Soja-, Hefe-, Muschel- oder Algenextrakte – all diese Produkte mögen Linderung versprechen, es gibt jedoch keine Studien dazu, dass sie es tatsächlich tun. Zudem ist nicht jedes der frei verkäuflichen Mittel so harmlos, wie es klingt. Prüfen Sie daher jedes Angebot sorgfältig und beraten Sie sich mit Ihren Ärzten. Oftmals gaukeln uns hohe Preise gute Qualität und hundertprozentige Wirksamkeit vor. Leider mussten bereits viele Rheumapatienten gegenteilige Erfahrungen machen.

Eine der Ausnahmen ist Vitamin D. Wie oben beschrieben, kann es vor allem in den Wintermonaten zu einer Unterversorgung kommen, die Sie durch die Ernährung nicht ausgleichen können. Dann müssen Sie Vitamin D in Form von Medikamenten einnehmen, die Ihnen Ihr Arzt verschreiben kann.

Für alle anderen Vitamine sowie für Mineralstoffe und Spurenelemente gilt, dass eine gesunde Ernährung die Versorgung in der Regel sicherstellt. Trotzdem können Sie sich mit Ihrem Arzt beraten, ob in Ihrem individuellen Fall eine zusätzliche Gabe zum Beispiel von Vitamin E, Selen, Kalzium, Magnesium oder Folsäure sinnvoll sein kann.

Das Rheuma-Gewürz

Anfang 2016 strahlte der NDR im Rahmen der Sendung „Visite“ einen interessanten Bericht aus. Thema war die Behandlung von Gelenkschmerzen durch Naturheilmittel. Unter anderem wurde eine Gewürzmischung aus Koriander, Muskat und Kreuzkümmel (zu gleichen Teilen) vorgestellt. Bei mehreren Personen, die diese Mischung regelmäßig verwendeten, konnte eine positive Wirkung auf das Schmerzempfinden beobachtet werden. Vor allem die für die Schärfe verantwortlichen Inhaltsstoffe zeigten bei ihnen eine schmerzlindernde und entzündungshemmende Wirkung. Heilen können die Wirkstoffe der Gewürze den Gelenkverschleiß natürlich nicht, aber sie sollen die Durchblutung der Gelenkschleimhaut verbessern.

Ich selbst nehme seit diesem Bericht täglich morgens und abends eine gute Messerspitze der Gewürzmischung zu mir. Nach zwei Monaten hatten sich die Schmerzen in meinen Füßen deutlich verbessert. Das Grundgelenk des großen Zehs, das mich vorher unwahrscheinlich plagte, ist seither völlig schmerzfrei.

Kann eine Ernährungsumstellung die Rheumaerkrankung beeinflussen?

Aus meiner ganz persönlichen Erfahrung kann ich diese Frage uneingeschränkt mit Ja beantworten. Viele andere Betroffene bestätigen dies. Es heißt nicht umsonst: „Du bist, was du isst!“ Alles, was wir unserem Körper zuführen, muss dieser verarbeiten. Nur die wenigsten Stoffe und Substanzen werden als völlig nutzlos durchgeschleust und wieder ausgeschieden.

Nun stellen Sie sich vor, dass zu all den bunten Zusatz- und Farbstoffen, Geschmacksverstärkern, versteckten Zuckern und

!

Versuchen Sie, Chemie in Lebensmitteln zu meiden.

Transfetten in Fertigprodukten am Ende des Tages noch die Medikamente kommen, die Sie als Mensch mit Rheuma benötigen. Diese sollen das Leben erleichtern und Schmerzen lindern, doch greifen viele Basismedikamente und Analgetika Organe wie Magen, Darm, Leber und Nieren auf Dauer massiv an. Sie brauchen nicht noch mehr Chemie in Lebensmitteln.

Die Ernährung nach und nach umstellen

Gerade wenn Sie bisher viele Fertigprodukte verwendet haben, sollten Sie es jedoch langsam angehen. Sie müssen nicht alles von heute auf morgen ändern. Eine Ernährungsumstellung benötigt Zeit und Akzeptanz – denken Sie an den Stressfaktor! Ich selbst reduziere seit einigen Jahren immer mehr Fertigprodukte wie Süßspeisen, Saucen, Brot und Brötchen, Teigwaren und Fast Food. Vieles kommt mir einfach nicht mehr in den Einkaufswagen, weil ich es inzwischen selbst zubereite. Dazu gehören Pesto, Quarkspeisen, Smoothies und Brotaufstriche, aber auch Teige für Pizza und Snacks. Es schmeckt mir nicht nur besser – mit frischen, unverarbeiteten Zutaten zu kochen und zu backen macht auch richtig Spaß.

Falls Sie bisher keine besonderen Kochambitionen hegen, kann ich Sie nur ermuntern, einfach loszulegen. Machen Sie Ihre Ernährung zum Genuss, riechen und schmecken Sie ganz bewusst, was Sie zu sich nehmen. Experimentieren Sie mit Kräutern und Gewürzen und wagen Sie den Blick über den kulinarischen Tellerrand. Die südeuropäische Küche, aber auch Gerichte aus Asien und Afrika eignen sich ganz wunderbar für eine rheumagerechte Ernährung.

Meine Empfehlungen für Ihren Speiseplan

- Essen und verwenden Sie viel frisches Obst und Gemüse, wenn möglich mit Schale.
- Achten Sie auf Bio-Ware – Ihr Körper braucht nicht noch mehr Schadstoffe.
- Verwenden Sie mildes Rapsöl, es ist ein Alleskönner in der Küche.
- Ersetzen Sie fette Wurstwaren durch magere Alternativen, wie zum Beispiel Putenbrust.
- Ersetzen Sie fette Fleischsorten durch magere Filetstücke und Geflügel.
- Vermeiden Sie Fertigprodukte.
- Ersetzen Sie fettreiche Milchprodukte durch fettreduzierte Alternativen.
- Essen Sie maximal zweimal pro Woche Fleisch.
- Gönnen Sie sich mindestens ein- bis zweimal pro Woche eine Fischmahlzeit.
- Vermeiden Sie ein Übermaß an raffiniertem Zucker und süßen Sie Getränke oder Dressings stattdessen mit Honig.
- Sparen Sie Weißmehl ein, verwenden Sie stattdessen Produkte aus Vollkornmehlen.
- Ersetzen Sie Eiernudeln und Spätzle durch Hartweizennudeln.
- Trinken Sie ausreichend frisches Wasser.
- Und nicht zuletzt: Achten Sie darauf, was Ihnen guttut und gönnen Sie sich Ihre Genussmomente.

Küchentipps

Sie kennen das sicher: An manchen Tagen scheint es Ihnen unmöglich, sich in die Küche zu stellen und Gemüse zu schnippeln. Wenn die Beine schmerzen oder die Fingergelenke angeschwollen sind, macht aufwendiges Kochen wenig Freude. Suchen Sie sich an solchen Tagen einfache Gerichte aus, aber streichen Sie das Essen bitte nicht vollständig von Ihrem Tagesplan. Ich habe die Erfahrung gemacht, dass ein gleichbleibender Tagesrhythmus sehr förderlich für das Wohlbefinden ist. Dazu gehört nicht nur die regelmäßige Einnahme Ihrer Medikamente, sondern auch, zu festen Zeiten zu essen.

Tipps für das Arbeiten in der Küche

Im Laufe der Jahre habe ich einige Tipps zusammengetragen, die mir – und auch Ihnen – das Zubereiten von Mahlzeiten, das Kochen und Backen erleichtern.

Bügelstuhl/Drehstuhl Wenn Sie nicht gut zu Fuß sind, setzen Sie sich. In meiner Küche steht für „schlechte Tage“ ein ergonomischer Drehstuhl, den ich mir vor die Arbeitsfläche oder an den Herd ziehen kann. Auch Bügelstühle oder Stehhilfen machen das Arbeiten am Herd leichter.

Verdickte Griffe Küchenutensilien mit verdickten oder ergonomischen Griffen unterstützen Sie beim Greifen, Rühren und Schneiden.

Winkelgriffe Spezielle Messer mit Winkelgriffen erleichtern das Schneiden bei fehlender oder eingeschränkter Greifkraft.

Deckelöffner/Flaschenöffner mit Hebelwirkung Schraubverschlüsse an Flaschen oder Gläsern können manchmal zum unüberwindbaren Hindernis werden. Weniger Kraftaufwand benötigen Sie bei der Verwendung von speziellen Flaschenöffnern mit Hebelwirkung. Auch Dosen- und Flaschenöffner, die zuerst das Vakuum aufheben, sind sehr praktisch.

Elektrische Küchenhelfer Es macht Spaß, mit den Händen zu arbeiten, einen Teig zu kneten oder einen Kuchen zu rühren, solange die Hände nicht schmerzen. Elektrische Mixer, Dosenöffner, Küchenmaschinen, Teigpressen etc. erleichtern das Arbeiten, wenn Sie rheumatische Finger und Handgelenke haben.

Brettchen mit Einfassung Sie helfen beim Schneiden von Gemüse, Brot etc., insbesondere wenn Sie einhändig arbeiten müssen.

Rutschfeste Matten Es gibt Backmatten und Platzsets, die auf glatten Oberflächen haften und Ihnen damit das Arbeiten erleichtern.

Scharfe Messer Je weniger Druck Sie auf ein Messer ausüben müssen, desto weniger Kraftaufwand benötigen Sie. Gute, scharfe Messer gehören in jede Küche.

Gemüse- und Obstschäler Schälen Sie Obst und Gemüse mit dem Sparschäler statt mit dem Messer. Achten Sie auf die verschiedenen Varianten und probieren Sie aus, womit Sie am besten zurechtkommen.

Leichtes Geschirr Natürlich sind Töpfe und Pfannen aus Gusseisen schön und eine möglichst plastikfreie Küche ist erstrebenswert. Ersetzen Sie jedoch unnötig schwere Teile, die Sie ständig in Gebrauch haben, durch leichte Alternativen.

Höhe und Tiefe In jeder Küche fallen Dinge zu Boden oder man muss sich auf die Zehenspitzen stellen, um an den obersten Schrank zu gelangen. Für diese Fälle gibt es im Sanitätshaus Greifhilfen und Trittstufen.

Gefäße und Aufbewahrungsdosen Lagern Sie Ihre Vorräte in Gefäßen, die leicht zu öffnen und zu schließen sind.

Tipps für die Einrichtung Ihrer Küche

- Entscheiden Sie sich für Schubladen statt Türen sowie für Apothekerschränke. Diese erleichtern den Zugriff auf Geschirr und Lebensmittel ungemein.
- Bringen Sie die Arbeitsplatte in einer Höhe an, die auf Sie zugeschnitten ist.
- Lagern Sie schwere Gerätschaften nicht zu tief oder weit unten im Schrank.
- Verstauen Sie Wichtiges in direkter Nähe zur Kochstelle.
- Platzieren Sie den Backofen, den Grill und die Mikrowelle auf einer für Sie angenehmen Arbeitshöhe.

111 REZEPTE FÜR MENSCHEN MIT RHEUMA

Ein Leben mit Rheuma heißt nicht, dass man auf alles verzichten muss. Auf den folgenden Seiten finden Sie viele leckere Rezepte, die sowohl Ihrem Körper als auch Ihrer Seele guttun. Sie zeichnen sich dadurch aus, dass sie wichtige Nährstoffe und Antioxidantien enthalten, fett- oder kalorienarme Alternativen darstellen und gänzlich ohne Zusatzstoffe auskommen, da Sie sie selbst zubereiten. Lassen Sie sich inspirieren.

FRÜHSTÜCK

Pancakes mit Beeren

Reich an Vitamin B12

Eine Portion enthält

276 kcal (1159 kJ)	10,5 g Eiweiß
35 g Kohlenhydrate	163 mg Kalzium
5,8 g Ballaststoffe	Vitamin B12
10 g Fett	

Zutaten für 4 Portionen

2 Eier
20 g Puderzucker
1 Vanilleschote
200 g Buttermilch
½ TL Natron
3 EL Rapsöl
150 g Dinkelvollkornmehl
2 TL Backpulver
200 g Beeren (z. B. Heidelbeeren, Himbeeren)
Ahornsirup oder Puderzucker nach Belieben

Zubereitung

1 Eier mit gesiebtem Puderzucker verrühren. Vanilleschote längs aufschneiden, das Mark herauskratzen und zur Eimasse geben. Buttermilch, Natron, 2 EL Rapsöl, Mehl und Backpulver mit einem Mixer unter die Eiermasse rühren. Den Teig 15 Minuten ruhen lassen.

2 Die Beeren waschen und verlesen, wenn nötig klein schneiden.

3 Etwas Öl in eine beschichtete Pfanne geben und erhitzen. 3 bis 4 Teigkleckse hineingeben, mit einigen Beeren belegen, die Pancakes bei schwacher Hitze goldbraun backen, dann vorsichtig wenden. Die obere Seite nicht mehr lange backen, da die Beeren sonst matschig werden.

4 Nach Belieben Puderzucker oder Ahornsirup über die fertigen Pfannkuchen geben.

Granola

Gesunder Start in den Tag

Eine Portion enthält

203 kcal (852 kJ)	10,8 g Fett
22 g Kohlenhydrate	4 g Eiweiß
1,5 g Ballaststoffe	29 mg Kalzium

Zutaten für 10 Portionen

50 g Butter
75 g Honig
50 g Cranberrys
½ TL Salz
1 Pck. Vanillezucker
75 g zarte Haferflocken
75 g kernige Haferflocken
20 g Kokosflocken
20 g Sesam
40 g Sonnenblumenkerne
20 g Buchweizenkörner
25 g gehackte Mandeln

Zubereitung

1 Butter in einer Pfanne zerlassen und anschließend mit Honig, Cranberrys, Salz, Vanillezucker und 50 ml Wasser mischen.

2 Beide Sorten Haferflocken, Kokosflocken, Sesam, Sonnenblumenkerne, Buchweizen und gehackte Mandeln in einer Pfanne ohne Fett hellbraun anrösten und warm zur Buttermischung geben. Gut verrühren und die Mischung fest in der Schüssel zusammendrücken.

3 Die Mischung kalt werden lassen. Dann grob zerbröseln und in einer Vorratsdose aufbewahren.

TIPP

Mischen Sie das Knuspermüsli mit Milch oder Joghurt, dazu passt auch klein geschnittenes Obst.

Tomaten-Rührei mit Krabben

Reich an Eiweiß

Eine Portion enthält

144 kcal (604 kJ)	14,7 g Eiweiß
1,7 g Kohlenhydrate	73 mg Kalzium
8,8 g Fett	Vitamin B12 + K

Zutaten für 4 Portionen

150 g Tomaten
4 Eier
4 kleine Prisen Salz
schwarzer Pfeffer
1 EL Rapsöl
150 g Nordseekrabben
1 EL frischer Schnittlauch

Zubereitung

1 Tomaten waschen, putzen und in kleine Würfel schneiden. Die Eier aufschlagen, verquirlen, mit Salz und Pfeffer würzen.

2 Das Öl in einer Pfanne erhitzen, die Krabben darin rundherum anbraten. Die Tomaten dazugeben, alles mit den Eiern übergießen und bei mittlerer Hitze stocken lassen. Vor dem Essen mit Schnittlauchröllchen bestreuen.

Helle Kühlschrankbrötchen

Einfach selbstgemacht

Ein Brötchen enthält

170 kcal (714 kJ)	0,5 g Fett
35 g Kohlenhydrate	5,1 g Eiweiß
2 g Ballaststoffe	10 mg Kalzium

Zutaten für 10 Brötchen

1 Pck. Trockenhefe oder

½ Würfel frische Hefe

500 g Weizenmehl Type 405

2 TL Salz

Zubereitung

1 Die Hefe mit 350 ml lauwarmem Wasser verrühren, Mehl und Salz dazugeben und alles zu einem geschmeidigen Teig kneten. Teig in eine große Schüssel geben, diese abdecken und über Nacht in den Kühlschrank stellen.

2 Am nächsten Morgen den Teig noch mal kräftig durchkneten, dann in 10 Portionen teilen und die Teiglinge auf ein mit Backpapier belegtes Blech setzen. Abdecken und 10 bis 15 Minuten gehen lassen.

3 Inzwischen den Ofen auf 220 °C Umluft vorheizen. Die Brötchen etwa 20 Minuten backen, herausnehmen und abkühlen lassen.

TIPP

Der Hefeteig geht im Kühlschrank langsamer auf, dadurch werden die Brötchen besonders feinporig.

Vollkorn-Kühlschrankbrötchen

Gut für die Verdauung

Ein Brötchen enthält

185 kcal (777kJ)	2,4 g Fett
33 g Kohlenhydrate	7,2 g Eiweiß
5 g Ballaststoffe	10 mg Kalzium

Zutaten für 10 Vollkornbrötchen

1 Pck. Trockenhefe oder
½ Würfel frische Hefe
500 g Dinkelvollkornmehl
2 TL Salz
3 EL Haferflocken, Sonnenblumenkerne oder Leinsamen

Zubereitung

1 Die Hefe mit 350 ml lauwarmem Wasser verrühren, Mehl und Salz dazugeben und alles zu einem geschmeidigen Teig kneten. Haferflocken oder Saaten hinzufügen oder eine Mischung daraus. Den Teig in eine große Schüssel geben, abdecken und über Nacht in den Kühlschrank stellen.

2 Am nächsten Morgen den Teig noch mal kräftig durchkneten, dann in 10 Portionen teilen und die Teiglinge auf ein mit Backpapier belegtes Blech setzen. Abdecken und 10 bis 15 Minuten gehen lassen.

3 Inzwischen den Ofen auf 220 °C (Umluft) vorheizen. Die Brötchen etwa 20 Minuten backen, herausnehmen und abkühlen lassen.

Schnelles Dinkelbrot

Ohne Hefe

Ein Brot enthält

1669 kcal (6979 kJ)	34,5 g Fett
274 g Kohlenhydrate	60 g Eiweiß
15,5 g Ballaststoffe	689 mg Kalzium

Zutaten für 1 Brot

200 g saure Sahne
200 ml Milch, 1,5 % Fett
280 g Dinkelmehl Type 630
1½ TL Salz
3 gestr. TL Backpulver
100 g Haferflocken
etwas Fett für die Backform

Zubereitung

1 Saure Sahne mit Milch verrühren. Mehl, Salz und Backpulver dazugeben und alles mit einem Löffel vermischen. 80 g Haferflocken unterheben und den Teig in eine gut gefettete Backform füllen.

2 Mit den restlichen Haferflocken (ca. 2 EL) bestreuen und 30 bis 40 Minuten im vorgeheizten Backofen bei 200 °C Umluft backen. Anschließend 10 Minuten im ausgeschalteten Backofen ruhen lassen, dann herausnehmen und auf einem Kuchengitter auskühlen lassen.

Schwarzbrot mit Paprikaquark

Reich an Kalzium und Vitamin K

Eine Portion enthält

189 kcal (793 kJ)	13 g Eiweiß
31 g Kohlenhydrate	105 mg Kalzium
7 g Ballaststoffe	Vitamin B12 + K
1 g Fett	

Zutaten für 2 Portionen

1 kleine rote Paprikaschote
4 Romana-Salatblätter
120 g Magerquark
Salz, Pfeffer
1 EL gehackter Schnittlauch
2 Scheiben Vollkorn-Schwarzbrot

Zubereitung

1 Die Paprika waschen, entkernen und in kleine Würfel schneiden. Den Salat waschen und in feine Streifen schneiden.

2 Den Quark mit Salz und Pfeffer würzen, Paprika, Salat und Schnittlauch unterheben. Den Quark auf die Brotscheiben streichen.

Fixes Vollkornbrot

Gut für die Verdauung

Ein Brot enthält

2274 kcal (9514 kJ)	47,7 g Fett
357 g Kohlenhydrate	97 g Eiweiß
67 g Ballaststoffe	302 mg Kalzium

Zutaten für 1 Brot

250 g Weizenvollkornmehl
250 g Dinkelvollkornmehl
2 Pck. Trockenhefe
2 TL Salz
2 EL Essig
75 g Sonnenblumenkerne
75 g Körner (z. B. Sesam, Leinsamen) oder Haferflocken

Zubereitung

1 Sämtliche Zutaten kommen zusammen mit 450 ml lauwarmem Wasser in eine Schüssel und werden mindestens 2 Minuten mit den Knethaken zu einem zähen Teig verrührt.

2 Den fertigen Teig in eine Kastenform füllen (Silikonformen mit Wasser ausspülen, Formen aus Edelstahl oder Gusseisen müssen gefettet werden). Die Form in den kalten Backofen stellen und das Brot 1 Stunde bei 200 °C Umluft backen.

3 Das Brot aus der Form nehmen, auf den Backofenrost legen und weitere 10 Minuten im ausgeschalteten Backofen belassen. So wird der Rand wunderbar knusprig.

TIPP

Das Wasser sollte wirklich nur lauwarm und nicht heiß sein, damit die Hefe aktiviert wird und das Brot aufgehen kann.

Roastbeef-Feigen-Sandwich

Reich an Vitamin B12

Eine Portion enthält

236 kcal (991kJ)	12,3 g Eiweiß
36 g Kohlenhydrate	68 mg Kalzium
4,8 g Ballaststoffe	Vitamin B12
4,3 g Fett	

Zutaten für 2 Portionen

4 Scheiben Vollkorntoastbrot
2 reife Feigen
2 EL Ziegenfrischkäse
4 Scheiben Roastbeef-Aufschnitt
2 TL Honig
schwarzer Pfeffer

Zubereitung

1 Die Brotscheiben leicht toasten. Die Feigen waschen und in Scheiben schneiden.

2 Zwei Brotscheiben mit je 1 EL Frischkäse bestreichen und leicht pfeffern. Das Roastbeef und die Feigen darauf verteilen und mit Honig beträufeln. Mit zweiter Toastscheibe bedecken und eventuell mit Holzspießen fixieren.

Avocado-Brot mit Frischkäse

Leicht und frisch

Eine Portion enthält

205 kcal (861kJ)	7,2 g Fett
26,3 g Kohlenhydrate	8 g Eiweiß
7,3 g Ballaststoffe	70 mg Kalzium

Zutaten für 2 Portionen

100 g Salatgurke
½ Avocado
2 Scheiben Vollkornbrot
2 EL Frischkäse, 17 % Fett
etwas Zitronensaft
Salz
schwarzer Pfeffer aus der Mühle
etwas Gartenkresse

Zubereitung

1 Die Gurke waschen und in dünne Scheiben schneiden. Die Avocado aus der Schale lösen und in Spalten schneiden.

2 Die Brotscheiben mit je 1 EL Frischkäse bestreichen, mit Gurke und Avocado belegen. Etwas Zitronensaft darüber träufeln, mit Salz und Pfeffer würzen und zuletzt ein wenig Kresse auf den Broten verteilen.

Bagels

Einfach selbstgemacht

Eine Portion enthält

194 kcal (814 kJ)	1,6 g Fett
37,8 g Kohlenhydrate	6,3 g Eiweiß
2,2 g Ballaststoffe	

Zutaten für 10 Stück

150 g Weizenmehl Type 405
350 g Dinkelmehl Type 630
1 Pck. Trockenhefe
1 EL mildes Rapsöl
1 EL Zucker
1 TL Salz
Körner, Haferflocken, Sesam oder Mohn zum Bestreuen

TIPP

Legen Sie jeweils 5 Bagels auf ein Blech. Während die erste Runde backt, kann die zweite Portion vorbereitet werden.

Zubereitung

1 Mehle, Hefe, Öl, Zucker und Salz zusammen mit 350 ml lauwarmem Wasser in eine Schüssel geben und zu einem glatten Teig kneten. Anschließend mit dem Mixer 8 bis 10 Minuten weiter kneten, bis der Teig elastisch wird.

2 Den Teig abgedeckt 15 Minuten gehen lassen. Dann auf eine bemehlte Fläche legen und noch einmal kurz durchkneten. Den Teig in 10 gleich große Stücke teilen, jede Portion mit den Händen zu einer Wurst ausrollen und einen Kringel formen. Die Enden zusammendrücken. Die fertigen Kringel dürfen weitere 10 Minuten gehen.

3 In einem Topf reichlich Wasser zum Kochen bringen. Den Ofen auf 220 °C Ober-/Unterhitze vorheizen.

4 Die Bagels in das kochende Wasser legen und von jeder Seite eine Minute darin garen. Anschließend mit einem Schöpflöffel herausnehmen und auf einem Geschirrtuch kurz abtropfen lassen. Nun die Bagels auf ein mit Backpapier belegtes Blech legen, mit Haferflocken, Mohn, Sesam oder Sonnenblumenkernen bestreuen und 10 bis 15 Minuten backen.

Bananenbrot

Süß aber leicht

Ein Brot enthält

2520 kcal (10547 kJ)	42 g Fett
462 g Kohlenhydrate	63 g Eiweiß
21,2 g Ballaststoffe	298 mg Kalzium

Zutaten für 1 Brot

3 reife Bananen
2 Eier
3 EL Rapsöl
125 g brauner Zucker
4 EL starker, warmer Kaffee
380 g Dinkelmehl Type 630
2 TL Backpulver
1 TL Natron
1 TL gemahlener Ingwer
½ TL Muskat
1 TL Zimt
1 Prise Salz

Zubereitung

1 Bananen gut zerdrücken, mit Eiern und Öl verquirlen. Zucker im Kaffee auflösen und dazugeben.

2 Mehl, Backpulver, Natron und die Gewürze vermischen und auf die Bananenmischung sieben. Alles vorsichtig miteinander verrühren.

3 Den Teig in eine gefettete Kastenform geben und im vorgeheizten Ofen bei 170 °C Heißluft 50 bis 60 Minuten backen. Anschließend 15 Minuten in der Form abkühlen lassen, dann auf einen Rost stürzen.

TIPP

Das Brot schmeckt pur, mit süßem Belag, mit Quark oder mit Frischkäse.

Joghurt mit Beerensalat

Reich an Vitamin C

Eine Portion enthält

197 kcal (575 kJ)	3,9 g Eiweiß
20 g Kohlenhydrate	100 mg Kalzium
8 g Ballaststoffe	Vitamin C
3 g Fett	

Zutaten für 4 Portionen

1 unbehandelte Orange
150 g frische Himbeeren
250 g Erdbeeren
100 g Heidelbeeren
100 g Brombeeren
1 EL Zucker
100 g Joghurt, 1,5 % Fett
1 EL gehackte Haselnüsse
1 EL Sonnenblumenkerne
1 EL Honig

Zubereitung

1 Die Orangenschale abreiben, dann die Orange halbieren und auspressen. Den Abrieb zur Seite stellen. Beeren waschen, putzen, Erdbeeren evtl. halbieren oder vierteln. Die Beeren mit Orangensaft und Zucker verrühren, über Nacht in den Kühlschrank stellen.

2 Haselnüsse und Sonnenblumenkerne in einer Pfanne ohne Fett leicht rösten. Den Joghurt mit Abrieb der Orangenschale und Honig mischen.

3 Die Beeren auf 4 Gläser verteilen, mit Joghurt bedecken und mit Nüssen und Sonnenblumenkernen bestreuen.

Herzhafte Haferküchlein

Gut für die Verdauung

Ein Küchlein enthält

116 kcal (487 kJ)	5,3 g Fett
13,4 g Kohlenhydrate	3,7 g Eiweiß
1,8 g Ballaststoffe	32 mg Kalzium

Zutaten für 10 Küchlein

50 g kernige Haferflocken
100 g zarte Haferflocken
125 ml Milch, 1,5 % Fett
1 kleine gelbe Paprikaschote
1 kleine rote Paprikaschote
1 kleine Zwiebel
1 Ei
4 EL Rapsöl
Salz, Pfeffer
1 TL gehackter Thymian
4 EL Instant-Haferflocken zum Panieren

Zubereitung

1 Kernige und zarte Haferflocken mit lauwarmer Milch übergießen und 15 Minuten quellen lassen.

2 Paprikaschoten waschen, entkernen und in kleine Würfel schneiden. Zwiebel schälen und ebenfalls würfeln. Beides in 1 EL Öl andünsten und zusammen mit dem Ei zum Haferbrei geben. Gut mischen und mit Salz, Pfeffer und Thymian abschmecken.

3 Aus der Masse etwa 10 kleine Küchlein formen, diese in Instant-Haferflocken wenden und von beiden Seiten im restlichen Öl (3 EL) knusprig ausbraten.

TIPP

Dazu schmeckt Quark oder Frischkäse.

„Hessenbrot"

Reich an Vitamin B12 + K

Eine Portion enthält

276 kcal (1159 kJ)	16 g Eiweiß
33 g Kohlenhydrate	95 mg Kalzium
4,6 g Ballaststoffe	Vitamin B12 + K
8,3 g Fett	

Zutaten für 2 Portionen

2 Handkäsetaler (je 40 g)
1 kleine Schalotte
½ aromatischer Apfel
1 TL Kräuteressig
1 EL Rapsöl
2 große Scheiben Roggenbrot
2 TL Butter
etwas Kümmel oder Petersilie

Zubereitung

1 Handkäse in kleine Würfel schneiden. Schalotte abziehen, Apfel entkernen, beides ebenfalls klein würfeln. Alles in eine Schüssel geben, mit Essig und Öl mischen.

2 Die Brotscheiben mit Butter bestreichen. Handkäse-Mischung darauf verteilen und mit Kümmel oder Petersilie bestreuen.

SUPPEN

Tomaten-Reis-Suppe

Fettarm und sättigend

Eine Portion enthält

135 kcal (567 kJ)	2,5 g Fett
23,7 g Kohlenhydrate	4,3 g Eiweiß
2 g Ballaststoffe	36 mg Kalzium

Zutaten für 4 Portionen

1 Schalotte
1 Knoblauchzehe
1 kleine Zucchini
125 g Reis
Salz
1 EL Olivenöl
1 EL Tomatenmark
500 ml passierte Tomaten
Paprikapulver edelsüß
Pfeffer
eine Prise Zucker

Zubereitung

1 Schalotte und Knoblauch schälen und hacken. Zucchini waschen, putzen und würfeln. Reis in Salzwasser garen.

2 Schalotte und Knoblauch in Olivenöl glasig dünsten, Zucchini dazugeben und anbraten. Tomatenmark zufügen, unterrühren und kurz mitbraten, dann mit den passierten Tomaten ablöschen und alles 5 bis 10 Minuten köcheln lassen.

3 Die Suppe mit einem Stabmixer pürieren. Mit Salz, Pfeffer, Paprikapulver und einer Prise Zucker würzen. Gegarten Reis abgießen und unterrühren.

Gulaschsuppe

Mit frischem Gemüse

Eine Portion enthält

224 kcal (940 kJ)	26,8 g Eiweiß
9,4 g Kohlenhydrate	51 mg Kalzium
3,5 g Ballaststoffe	Vitamin C + K
8,3 g Fett	

Zutaten für 8 Portionen

1 kg Bio-Rindergulasch (aus Schulter oder Keule)
1 kleine Knoblauchzehe
1–2 TL Dijon-Senf
Pfeffer
350 g Weißkohl
2 große Zwiebeln
250 g frisches Suppengemüse (Lauch, Möhren, Sellerie, Petersilie)
2 große Kartoffeln
1 EL Butter
1 EL Tomatenmark (optional)
½ Liter Gemüsebrühe
1 TL Pul Biber
1 TL Kreuzkümmel
Salz

Zubereitung

1 Das Fleisch in mundgerechte Stücke schneiden. Den Knoblauch abziehen und durch die Presse drücken. Fleisch mit Knoblauch, Senf und etwas Pfeffer mischen.

2 Kohlblätter vom Stunk schneiden und waschen, Zwiebeln abziehen, beides in Stücke schneiden. Suppengemüse und Kartoffeln schälen, waschen, putzen und klein würfeln.

3 Die Butter in einem Topf erhitzen, Kraut und Zwiebeln kräftig darin anbraten. Suppengemüse und Tomatenmark hinzugeben und ebenfalls anbraten, dann das Fleisch untermischen und kurz mitbraten. Mit Gemüsebrühe und ½ l Wasser aufgießen, mit Pul Biber und Kreuzkümmel würzen.

4 Das Gulasch bei geschlossenem Deckel etwa 1 Stunde leicht köcheln lassen. Dann die Kartoffeln zugeben und weitere 30 Minuten köcheln lassen. Mit Salz und Pfeffer abschmecken.

TIPP

Pul Biber und Kreuzkümmel geben der Suppe nicht nur einen exotischen Geschmack, diese Gewürze enthalten auch wichtige Antioxidantien.

Möhrensuppe mit Ingwer

Reich an Antioxidantien

Eine Portion enthält

153 kcal (643 kJ)	10,1 g Fett
12,3 g Kohlenhydrate	2 g Eiweiß
3,7 g Ballaststoffe	60 mg Kalzium

Zutaten für 4 Portionen

3 große Möhren
1 Zwiebel
1 kleiner, aromatischer Apfel
1 EL Rapsöl
1 EL Zucker
800 m Gemüsebrühe
1 Stück Ingwerwurzel (ca. 2 cm)
1 kleine Knoblauchzehe
1 TL Curry
1 Msp. Zimt
schwarzer Pfeffer aus der Mühle
200 g Sahne zum Kochen, 15 % Fett

Zubereitung

1 Möhren, Zwiebel und Apfel schälen, alles in kleine Würfel schneiden. Öl in einem Topf erhitzen, Gemüse und Apfel darin anbraten. Mit Zucker bestreuen und leicht karamellisieren. Mit Brühe ablöschen und 20 Minuten leicht köcheln lassen.

2 Ingwer und Knoblauch schälen und hacken, zusammen mit Curry, Zimt und Pfeffer in die Suppe geben. Sahne ebenfalls dazu gießen und alles mit einem Stabmixer pürieren. Abschmecken.

TIPP

Bestreuen Sie die Suppe vor dem Servieren mit gerösteten Kokosflocken, diese enthalten besonders viel Selen.

Paprikasuppe

Reich an Vitamin C

Eine Portion enthält

106 kcal (447 kJ)	2,5 g Eiweiß
16,6 g Kohlenhydrate	20 mg Kalzium
5,1 g Ballaststoffe	Vitamin C
2,9 g Fett	

Zutaten für 4 Portionen

2 große rote Paprikaschoten
1 Zwiebel
2 Kartoffeln
1 EL Rapsöl
800 ml Gemüsebrühe
1 TL Curry
½ TL Kurkuma
Salz, Pfeffer
Paprikapulver edelsüß

Zubereitung

1 Die Paprikaschoten waschen, Kerngehäuse entfernen und die Schoten in Würfel schneiden. Zwiebel und Kartoffeln schälen und in kleine Würfel schneiden.

2 Öl in einem Topf erhitzen, Zwiebeln darin andünsten und Paprika dazugeben. Mit Brühe aufgießen, dann die Kartoffeln ergänzen. Mit Curry und Kurkuma würzen und 20 Minuten leicht köcheln lassen.

Die Suppe mit einem Stabmixer fein pürieren. Mit Salz, Pfeffer und Paprikapulver würzen.

Scharfe Linsensuppe

Reich an Vitamin K

Eine Portion enthält

255 kcal (1071 kJ)	13,8 g Eiweiß
38 g Kohlenhydrate	63 mg Kalzium
9 g Ballaststoffe	Vitamin C + K
4,8 g Fett	

Zutaten für 4 Portionen

2 Schalotten
1 Knoblauchzehe
1 Chilischote
2–3 Kartoffeln
200 g Linsen (Pardina)
1 EL Rapsöl
1 EL Tomatenmark
1 l warme Gemüsebrühe
Salz, Pfeffer
Paprikapulver edelsüß

Zubereitung

1 Schalotten und Knoblauch schälen und in kleine Würfel schneiden. Chili halbieren, waschen, das Kerngehäuse entfernen und die Schote in feine Streifen schneiden. Kartoffeln schälen und würfeln. Die Linsen in einem Sieb unter fließendem Wasser waschen.

2 Öl in einer Pfanne erhitzen, Schalotten, Knoblauch und Chilistreifen darin andünsten. Tomatenmark zugeben und kurz anrösten. Kartoffeln und Linsen dazugeben, alles mit warmer Gemüsebrühe ablöschen und 30 Minuten garen.

3 Die Stärke der Kartoffeln dickt die Suppe dabei automatisch ein. Falls sie dennoch zu dünn bleiben sollte, einige Kartoffelwürfel mit der Gabel zerdrücken und nochmal gut verrühren. Mit Salz, Pfeffer und Paprika würzen.

TIPP

Pardinalinsen zerfallen beim Kochen nicht und sind daher für Suppen gut geeignet. Alternativen sind Berglinsen und Puy-Linsen.

Kartoffelsuppe

Mit Gemüse

Eine Portion enthält

223 kcal (940 kJ)	4,8 g Eiweiß
26,5 g Kohlenhydrate	59 mg Kalzium
5 g Ballaststoffe	Vitamin C + K
10,7 g Fett	

Zutaten für 4 Portionen

3 Kartoffeln
250 g Suppengemüse (Möhre, Lauch, Sellerie, Petersilie)
1 l Gemüsebrühe
Salz, Pfeffer
Chiliflocken
½ TL getrockneter Majoran
½ TL getrockneter Liebstöckel
80 g Sahne zum Kochen, 15 % Fett
20 g kalte Butter

Zubereitung

1 Kartoffeln und Suppengemüse waschen, schälen und in kleine Würfel schneiden. Alles in einen Topf geben und mit Brühe auffüllen, bis es gerade so bedeckt ist. Mit Salz, Pfeffer, etwas Chili und den Kräutern würzen. Bei geschlossenem Deckel mindestens 30 Minuten köcheln lassen.

2 Die Sahne einrühren und die Suppe vom Herd nehmen. Die Butter dazugeben und alles mit dem Stabmixer fein pürieren.

TIPP

Als Suppeneinlage schmecken geräucherter Lachs, Krabben oder geröstete Brotwürfel.

Rotkohlsuppe

Reich an Vitamin C + K

Eine Portion enthält

111 kcal (466 kJ)	2,2 g Eiweiß
13 g Kohlenhydrate	74,5 mg Kalzium
5,6 g Ballaststoffe	Vitamin C + K
4,7 g Fett	

Zutaten für 4 Portionen

½ Rotkohl (700–800 g)
1 Zwiebel
2 EL mildes Rapsöl
3 EL Himbeeressig
800 ml Gemüsebrühe
1 aromatischer Apfel
Pfeffer, Salz

Zubereitung

1 Den Rotkohl grob, aber möglichst gleichmäßig hobeln oder schneiden. Zwiebel schälen und würfeln.

2 Das Öl in einem großen Topf erhitzen und die Zwiebeln darin andünsten. Kraut dazugeben und kurz mit anbraten. Mit Essig ablöschen, dann die Brühe aufgießen.

3 Den Apfel entkernen, in Stücke schneiden und dazugeben. Alles bei geschlossenem Deckel 45 bis 55 Minuten sanft köcheln lassen. Der Apfel sollte anschließend fast verkocht und der Kohl weich sein.

4 Die Suppe mit einem Stabmixer fein pürieren und mit Salz und Pfeffer würzen. Sie darf ähnlich cremig wie eine Kartoffelsuppe sein.

TIPP

Dazu schmecken die Brotchips von Seite 129 und etwas frischer Thymian.

Sauerkrautsuppe

Reich an Vitamin C und Kalzium

Eine Portion enthält

353 kcal (1482 kJ)	18,7 g Eiweiß
11 g Kohlenhydrate	175 mg Kalzium
5,7 g Ballaststoffe	Vitamin C + B12
24,8 g Fett	

Zutaten für 4 Portionen

550 g frisches Sauerkraut
2 Zwiebeln
300 g geräucherte Rindswürstchen
1 EL Rapsöl
1 gestr. EL Zucker
1 TL Paprikapulver rosenscharf
2 EL Tomatenmark
800 ml Gemüsebrühe
300 g saure Sahne
Salz, Pfeffer

Zubereitung

1 Sauerkraut fein hacken und gut ausdrücken. Zwiebeln in kleine Würfel schneiden.

2 Die Würstchen in Scheiben schneiden und in etwas Öl ausbraten. Aus der Pfanne nehmen und die Zwiebeln im Fett glasig dünsten. Mit Zucker und Paprikapulver bestreuen, Sauerkraut und Tomatenmark hinzugeben und unter Rühren andünsten.

3 Die Gemüsebrühe angießen, die Wurstscheiben zugeben und die Suppe 30 Minuten leicht köcheln lassen. Anschließend die saure Sahne einrühren und weitere 10 bis 15 Minuten kochen, zum Schluss mit Salz und Pfeffer würzen.

Gemüsesuppe

Reich an Vitaminen

Eine Portion enthält

132 kcal (556 kJ)	7 g Eiweiß
10,2 g Kohlenhydrate	144 mg Kalzium
8,8 g Ballaststoffe	Vitamin C, E + K
6,6 g Fett	

Zutaten für 6 Portionen

1 kleiner Blumenkohl
2 Möhren
1 Kohlrabi
½ Wirsing
1 Stange Lauch
½ Sellerieknolle
40 g Butter
1½ l Gemüsebrühe
1 Prise Muskat
2 EL gehackte Petersilie

Zubereitung

1 Das Gemüse waschen, putzen oder schälen und in kleine Würfel, Ringe und Röschen teilen.

2 Die Butter in einem großen Topf erhitzen und den Wirsing kräftig anbraten. Anschließend das restliche Gemüse zugeben und mit Brühe aufgießen.

3 Die Suppe 30 Minuten köcheln lassen, dann mit Muskat würzen und mit der Petersilie bestreuen.

SALATE

Asiatischer Gurkensalat

Reich an Vitamin K und Kalzium

Eine Portion enthält

148 kcal (621 kJ)	2,1 g Eiweiß
3,7 g Kohlenhydrate	101 mg Kalzium
1,3 g Ballaststoffe	Vitamin K
5,8 g Fett	

Zutaten für 2 Portionen

1 Salatgurke
1 Frühlingszwiebel
1 kleine Peperoni
1 EL Rapsöl
1 EL Sesamöl
1 TL dunkle Sojasauce
1 TL Weißweinessig
Salz, Pfeffer
1 Prise Zucker
½ TL frisch gehackter Ingwer
1–2 EL Sesam

Zubereitung

1 Die Salatgurke waschen und samt Schale mit einem Sparschäler der Länge nach in Streifen schneiden, bis nur noch das Kerngehäuse übrig bleibt. Frühlingszwiebel in feine Ringe schneiden.

2 Peperoni putzen und sehr fein würfeln. Sesam in einer kleinen Pfanne ohne Fett leicht anrösten.

3 Rapsöl und Sesamöl mit Essig und Sojasauce aufschlagen. Mit Salz, Pfeffer und Zucker würzen, dann Ingwer, Peperoni und Sesam unterrühren und das Dressing mit den Gurkenstreifen mischen.

4 Den Salat 1 Stunde durchziehen lassen, vor dem Servieren noch einmal abschmecken.

Bunter Sonnenweizen-Salat

Reich an Vitamin K

Eine Portion enthält

393 kcal (1650 kJ)	13,8 g Eiweiß
55,4 g Kohlenhydrate	65 mg Kalzium
15,7 g Ballaststoffe	Vitamin C, E + K
11 g Fett	

Zutaten für 4 Portionen

150 g Ebly Sonnenweizen
240 g Kidneybohnen
50 g Mais
100 g geröstete Paprika
50 g getrocknete Tomaten in Öl
100 g Mungbohnensprossen

Für die Vinaigrette

1 kleine Schalotte
2–3 EL Crema di Balsamico
4 EL Olivenöl
1–2 TL Tomatenmark
Salz, Pfeffer
1 Prise Zucker

Zubereitung

1 Sonnenweizen nach Herstellerangaben garen. Kidneybohnen und Mais mit Wasser abspülen und in einem Sieb gut abtropfen lassen. Paprika und Tomaten abtupfen und in kleine Würfel schneiden. Die Mungobohnensprossen kurz abbrausen und abtropfen lassen. Alles in eine Schüssel geben.

2 Für die Vinaigrette Crema di Balsamico, Olivenöl und Tomatenmark cremig aufschlagen, mit Salz, Pfeffer und Zucker würzen. Die Schalotte schälen, fein würfeln und unterheben.

3 Die Vinaigrette über die Salatzutaten gießen und alles mischen.

TIPP

Sie können den Sonnenweizen-Salat auch mit Antipasti zubereiten, zum Beispiel mit eingelegten Zucchini, Oliven und Chilis. Dies schmeckt wunderbar nach Sommer.

Bohnen-Linsen-Salat

Reich an Kalzium und Vitamin K

Eine Portion enthält

432 kcal (1814)	28,1 g Eiweiß
35,7 g Kohlenhydrate	315 mg Kalzium
8,9 g Ballaststoffe	Vitamin K
18,9 g Fett	

Zutaten für 2 Portionen

100 g weiße Bohnen
100 g Tellerlinsen oder Rote Linsen
300 ml Gemüsebrühe
1 kleine Zwiebel
100 g Feta
2 EL Rapsöl
1 EL Weißweinessig
1 TL Balsamico bianco
1 TL Senf
Salz, Pfeffer
1 kleines Bund Petersilie

Zubereitung

1 Die weißen Bohnen nach Packungsanweisung einweichen und garen. Die Linsen in der Gemüsebrühe bissfest garen, abgießen und die Brühe dabei auffangen.

2 Die Zwiebel schälen und in feine Würfel schneiden, den Feta zerkleinern.

3 Aus Öl, Essig, Balsamico, Senf und etwas aufgefangener Brühe ein Dressing rühren, mit Salz und Pfeffer würzen. Zwiebeln, Feta, Bohnen und Linsen mit dem Dressing mischen und einige Stunden durchziehen lassen.

4 Die Petersilie waschen, hacken und kurz vor dem Servieren unterheben.

TIPP

Wenn Sie rohe Zwiebeln nicht mögen, können Sie sie leicht andünsten oder durch Schalotten ersetzen, die etwas milder sind.

Feldsalat mit Pfifferlingen

Reich an Antioxidantien

Eine Portion enthält

117 kcal (491 kJ)	2,6 g Eiweiß
8 g Kohlenhydrate	26 mg Kalzium
2,2 g Ballaststoffe	Vitamin K
8,3 g Fett	

Zutaten für 4 Portionen

150 g Feldsalat
2 Scheiben Vollkorntoast
2 TL Butter
150 g Pfifferlinge
3 EL mildes Rapsöl
1 EL Weißweinessig
1 TL Honig
1 Messerspitze Dijon-Senf
Salz, schwarzer Pfeffer

Zubereitung

1 Den Feldsalat verlesen, waschen und in einem Sieb abtropfen lassen. Die Pfifferlinge putzen.

2 Das Toastbrot in kleine Würfel schneiden. In einer Pfanne die Butter erhitzen, darin die Brotwürfel zu Croutons rösten. Herausnehmen und die Pfifferlinge in derselben Pfanne anbraten, bis sie anfangen Wasser zu ziehen.

3 Für das Dressing Öl, Essig, Honig und Senf mit einem Schneebesen aufschlagen, mit Salz und Pfeffer würzen.

4 Das Dressing direkt vor dem Servieren über den Feldsalat geben, Pfifferlinge und Croutons darauf verteilen.

TIPP

Bestreuen Sie den Salat zusätzlich mit grob gehackten Walnüssen oder braten Sie einige Scheiben mageren Bacon aus und verteilen Sie ihn über dem Salat.

Knackiger Krautsalat mit Ananas

Reich an Vitamin C

Eine Portion enthält

170 kcal (714 kJ)	1,5 g Eiweiß
25,8 g Kohlenhydrate	86 mg Kalzium
5,2 g Ballaststoffe	Vitamin C, E + K
5,7 g Fett	

Zutaten für 6 Portionen

½ Weißkohl
500 g frische Ananas
125 ml Ananassaft
4 EL Öl
2 EL Weißweinessig
Salz, Pfeffer
1–2 TL Curry (nach Belieben)

Zubereitung

1 Weißkohl auf einem Gemüsehobel in sehr feine Streifen hobeln.

2 Fruchtfleisch der Ananas in kleine Stücke schneiden. Ananassaft, Öl und Essig gut miteinander verrühren, mit Salz und Pfeffer würzen. Nach Belieben etwas Curry zufügen.

3 Die Marinade über das Kraut gießen, mit den Händen unterheben und das Kraut kräftig durchkneten, um die Fasern mürbe zu machen. Anschließend die Ananasstücke untermischen und den Salat mindestens 30 Minuten durchziehen lassen. Vor dem Servieren mit Salz und Pfeffer abschmecken.

TIPP

Wenn Sie den gehobelten Kohl 4 bis 5 Minuten in kochendem Salzwasser blanchieren und dann weiterverarbeiten, wird er noch zarter.

Kritharaki-Salat mit Sommergemüse

Reich an Kalzium und Vitamin C

Eine Portion enthält

401 kcal (1684 kJ)	14,1 g Eiweiß
51,8 g Kohlenhydrate	153 mg Kalzium
6,6 g Ballaststoffe	Vitamin C, E + K
14,5 g Fett	

Zutaten für 4 Portionen

200 g Kritharaki
Salz
1 kleine Zucchini
4 bunte Baby-Paprikaschoten
5 mittelgroße Tomaten
1 Schalotte
1 EL Rapsöl
schwarzer Pfeffer aus der Mühle
100 g Mini-Mozzarella

Für das Dressing

3 EL Olivenöl
1 EL Kräuteressig
1 TL Honig
1 Messerspitze Dijon-Senf
1 Schuss Zitronensaft
Salz, Pfeffer
1 EL Dillspitzen

Zubereitung

1 Die Kritharaki in Salzwasser garen und abgießen.

2 Zucchini, Paprikaschoten und Tomaten waschen, putzen und in kleine Stücke schneiden. Die Schalotte schälen und fein hacken.

3 Öl in einer Pfanne erhitzen, die Schalotten darin andünsten, dann Paprika und Zucchini dazugeben und mit schwarzem Pfeffer aus der Mühle würzen. Sobald die Zucchini anfängt ein wenig Wasser zu ziehen, Tomaten hinzugeben, untermischen und kurz erwärmen.

4 Sämtliche Zutaten für das Dressing verrühren. Das Gemüse noch warm über die gekochten Kritharaki geben, den Mozzarella unterheben und alles mit dem Dressing verrühren. Den Salat vollständig auskühlen lassen.

TIPP

Kritharaki (auch Orzo oder Manestra) sind kleine, reisförmige Nudeln aus Hartweizengrieß. Sie werden in der griechischen Küche häufig verwendet.

Melonen-Feta-Salat

Reich an Kalzium

Eine Portion enthält

211 kcal (866 kJ)	11,3 g Fett
19,4 g Kohlenhydrate	8,3 g Eiweiß
0,75 g Ballaststoffe	192 mg Kalzium

Zutaten für 4 Portionen

400 g Wassermelone
200 g Honigmelone
200 g Galiamelone
2 EL Olivenöl
1 EL Zitronensaft
1 TL Honig
1 Msp. mittelscharfer Senf
1 Prise Salz
150 g Feta
1 TL frischer Thymian
schwarzer Pfeffer aus der Mühle

Zubereitung

1 Melonen schälen, die Kerne entfernen und das Fruchtfleisch in mundgerechte Stücke schneiden.

2 Olivenöl, Zitronensaft, Honig, Senf und Salz miteinander verrühren und über die Melonenstücke gießen. Kurz durchziehen lassen.

3 Feta in grobe Stücke brechen, zusammen mit dem Thymian unter die Melonen mischen und den Salat mit Pfeffer bestreut servieren.

Curry-Linsen-Salat mit Garnelen

Reich an Antioxidantien

Eine Portion enthält

277 kcal (1163 kJ)	15,4 g Eiweiß
30,8 g Kohlenhydrate	74 mg Kalzium
7 g Ballaststoffe	Vitamin C + K
7,3 g Fett	

Zutaten für 4 Portionen

1 Schalotte
1 kleine Möhre
1 kleines Stück Lauch
1 unbehandelte Orange
2 EL Rapsöl
500 ml Gemüsebrühe
200 g rote Linsen
1 Lorbeerblatt
Salz, Pfeffer
1 TL Curry
1 EL Essig
1–2 EL Orangensaft

Außerdem

12 küchenfertige große Garnelen (King Prawns)
Salz, Pfeffer
1 EL Butter
1 Knoblauchzehe
etwas Orangensaft

Zubereitung

1 Schalotte und Möhre schälen, beides in kleine Würfel schneiden. Den Lauch waschen und in feine Ringe schneiden. Die Orange filetieren und die Spalten noch ein- bis zweimal teilen, dabei den Saft auffangen.

2 Das Öl in einen Topf geben und Gemüse darin andünsten. Mit Gemüsebrühe ablöschen, Linsen und Lorbeerblatt dazugeben, kurz aufkochen, dann 8 bis 10 Minuten auf mittlerer Stufe köcheln lassen. Nach 5 Minuten das Lorbeerblatt entfernen. Die Linsen sollten nach dem Kochen die meiste Flüssigkeit aufgenommen haben, aber noch bissfest sein. Der restliche Sud ist Bestandteil des Dressings und muss nicht abgegossen werden.

3 Den Topf vom Herd nehmen und etwas abkühlen lassen. Abschließend mit Salz, Pfeffer, Curry und Essig würzen und einen guten Löffel des aufgefangenen Orangensafts sowie die Orangenfilets untermischen.

4 Die Garnelen mit Salz und Pfeffer würzen. Butter in einer Pfanne zerlassen, Knoblauchzehe schälen, leicht zerdrücken und gemeinsam mit den Garnelen in die Pfanne geben. Von beiden Seiten kurz braten und mit etwas Orangensaft ablöschen. Sofort mit dem lauwarmen Curry-Linsen-Salat servieren.

Rote-Bete-Apfel-Salat mit Crème légère

Reich an Kalzium

Eine Portion enthält

147 kcal (617 kJ)
15,6 g Kohlenhydrate
4 g Ballaststoffe
7,8 g Fett
2,4 g Eiweiß
82 mg Kalium
Vitamin K

Zutaten für 2 Portionen

1 großer aromatischer Apfel
1 TL Zitronensaft
500 g gekochte Rote Bete
150 g Crème légère
Salz, Pfeffer
1 TL Thymian (getrocknet oder frisch)

Zubereitung

1 Apfel schälen, entkernen, in kleine Würfel schneiden und mit dem Zitronensaft beträufeln. Rote Bete in Scheiben oder Würfel schneiden.

2 Crème légère kräftig mit Salz und Pfeffer würzen und mit dem Apfel und der Roten Bete vermischen. Zum Schluss Thymian darüber streuen.

Fruchtiger Mangoldsalat

Reich an Vitamin B12 und Kalzium

Eine Portion enthält

256 kcal (1075 kJ)
22,2 g Kohlenhydrate
4,9 g Ballaststoffe
14,8 g Fett
8,7 g Eiweiß
283 mg Kalzium
Vitamin B12 + K

Zutaten für 4 Portionen

120 g junger Blattmangold
4 Feigen (200 g)
2 Birnen (400 g)
4 Walnüsse
60 g Parmesan

Für das Dressing

1 TL Honig
4 EL Rapsöl
2 EL Himbeeressig
Salz, Pfeffer

Zubereitung

1 Mangold mit Wasser abbrausen, gut abtropfen lassen und dicke Stiele eventuell abschneiden. Birnen entkernen, jedoch nicht schälen, und in Würfel schneiden. Feigen achteln. Nüsse grob hacken. Parmesan in Späne reiben.

2 Zutaten für das Dressing gut miteinander verrühren und direkt vor dem Essen über den gemischten Salat gießen. Nach Belieben mit Pfeffer aus der Mühle abschmecken.

Spaghetti-Salat mit grünem Spargel

Reich an Kalzium

Eine Portion enthält

564 kcal (2368 kJ)
51,8 g Kohlenhydrate
5,6 g Ballaststoffe
28,9 g Fett
18,3 g Eiweiß
257 mg Kalzium
Vitamin K

Zutaten für 4 Portionen

250 g Spaghetti
250 g grüner Spargel
100 g getrocknete Tomaten in Öl
60–80 g frischer Parmesan
50 g Pinienkerne
1 EL Rapsöl
1 Prise Zucker

Für das Dressing

6 EL Crema di Balsamico
3 EL Olivenöl
3 EL Tomatenöl (s.o.)
1 TL mittelscharfer Senf
1 gute Prise Salz
Pfeffer
1 Prise Zucker

Zubereitung

1 Die Nudeln in Salzwasser bissfest garen und mit kaltem Wasser abschrecken.

2 Spargel waschen, die holzigen Enden abschneiden und die Spargelstangen in mundgerechte Stücke schneiden. Tomaten etwas abtropfen lassen und in kleine Würfel schneiden. Parmesan in große Späne reiben.

3 Die Pinienkerne in einer beschichteten Pfanne ohne Öl leicht rösten, herausnehmen, dann das Rapsöl in der Pfanne erhitzen und die Spargelstücke darin mit einer Prise Zucker goldbraun anbraten.

4 Die Zutaten für das Dressing mit einem Schneebesen aufschlagen. Spaghetti, Pinienkerne, Tomaten, Spargel und Dressing miteinander mischen. Parmesan darüber streuen und servieren.

TIPP

Außerhalb der Spargelsaison schmeckt der Salat mit nussigem Rucola.

VEGETARISCHE HAUPTSPEISEN

Pfifferling-Ragout mit gebratener Polenta

Eine vegane Hauptmahlzeit

Eine Portion enthält

281 kcal (1180 kJ)	10,6 g Eiweiß
44,7 g Kohlenhydrate	55 mg Kalzium
7,2 g Ballaststoffe	Vitamin C, E + K
6,5 g Fett	

Zutaten für 4 Portionen

200 g Maisgrieß
Salz
500 g frische Pfifferlinge
4 mittelgroße Tomaten
4 Schalotten
1 Knoblauchzehe
2 EL Rapsöl
1 EL Weizenmehl Type 405
schwarzer Pfeffer aus der Mühle
2 EL frische, gehackte Kräuter

Zubereitung

1 500 ml Wasser in einem Topf zum Kochen bringen, Maisgrieß zusammen mit ½ TL Salz einrühren, kurz aufkochen und 30 Minuten mit geschlossenem Deckel quellen lassen. Dann den fertigen Maisbrei 1 bis 2 cm dick auf ein Backpapier streichen und zum Abkühlen zur Seite stellen.

2 Pfifferlinge putzen. Tomaten enthäuten, dafür kreuzförmig einschneiden, mit heißem Wasser übergießen und kalt abschrecken. Danach lässt sich die Schale ganz leicht mit einem Messer lösen. Tomaten in Würfel schneiden. Schalotten und Knoblauch schälen und fein würfeln.

3 1 EL Öl in einer Pfanne erhitzen, Schalotten und Knoblauch glasig andünsten und mit Mehl bestäuben. Kurz anbräunen, dann Pfifferlinge und Tomaten hinzugeben und garen. Mit Salz, Pfeffer und Kräutern abschmecken.

4 Maisgrieß rund ausstechen oder mit einem Messer in Quadrate teilten. Das restliche Öl erhitzen, die Grießschnitten von beiden Seiten goldbraun anbraten und zusammen mit dem Pfifferling-Ragout servieren.

Frankfurter Grüne Sauce mit Pellkartoffeln

Reich an Kalzium und Vitaminen

Eine Portion enthält

484 kcal (2032 kJ)	28 g Eiweiß
46,3 g Kohlenhydrate	352 mg Kalzium
8,3 g Ballaststoffe	Vitamin B12, C, E + K
19,7 g Fett	

Zutaten für 4 Portionen

1 kg kleine, festkochende Kartoffeln
6 Eier
1 Bund Kräutermischung für „Grüne Sauce"
1 EL Rapsöl
250 g Quark, 20 % Fett
150 g Joghurt, 1,5 % Fett
200 g saure Sahne
2 TL Senf
Salz
Pfeffer aus der Mühle

Zubereitung

1 Die Kartoffeln mit Schale in Salzwasser ca. 20 Minuten kochen, bis sie gar sind.

2 Die Eier hart kochen, etwas abkühlen lassen und in kleine Würfel schneiden.

3 Alle Kräuter waschen und bis auf die Petersilie klein hacken. Petersilie zusammen mit dem Öl fein pürieren.

4 Quark, Joghurt und saure Sahne mischen und die Kräuter unterrühren. Mit Senf, Salz und frisch gemahlenem Pfeffer würzen. Zum Schluss die gewürfelten Eier unterheben. Die Pellkartoffeln abgießen und mit der Sauce servieren.

TIPP

Die klassische Frankfurter Grüne Sauce enthält sieben Kräuter: Schnittlauch, Petersilie, Kresse, Sauerampfer, Borretsch, Kerbel und Pimpinelle. Falls Sie keine frischen Kräuter bekommen, können Sie auch eine TK-Mischung verwenden.

Flammkuchen mit Spinat und Feta

Reich an Kalzium und Vitamin K

Eine Portion enthält

709 kcal (2977 kJ)	30,5 g Eiweiß
93 g Kohlenhydrate	457 mg Kalzium
7,7 g Ballaststoffe	Vitamin K
22,5 g Fett	

Zutaten für 2 Portionen

Für den Teig

250 g Weizenmehl Type 405

½ Pck. Trockenhefe

1 Prise Zucker

1 EL Rapsöl

1 gute Prise Salz

Für den Belag

2 Schalotten

1 Knoblauchzehe

1 TL mittelscharfer Senf

Salz, schwarzer Pfeffer aus der Mühle

100 g Frischkäse, 17 % Fett

2 EL Pinienkerne

125 g frischer Blattspinat

100 g Feta

Zubereitung

1 Mehl in eine Schüssel sieben und eine Mulde hineindrücken. 125 ml lauwarmes Wasser, Hefe und Zucker in die Mulde geben und vorsichtig verrühren. Sobald das Hefewasser kleine Blasen schlägt, Öl und Salz dazugeben und alles zu einem homogenen Teig kneten. Mit einem Geschirrtuch abdecken und 1 Stunde ruhen lassen.

2 Für den Belag die Schalotten abziehen und in feine Würfel schneiden. Knoblauch schälen und sehr fein hacken. Beides zusammen mit Senf, Salz und Pfeffer unter den Frischkäse rühren.

3 Die Pinienkerne in einer kleinen Pfanne ohne Fett hellbraun anrösten. Den Spinat waschen und auf einem Sieb gut abtropfen lassen.

4 Den Teig in zwei Portionen teilen, auf Backpapier dünn ausrollen und auf ein Blech legen. Die Fladen mit Frischkäse-Creme bestreichen, Spinat und Feta darauf verteilen.

5 Die Flammkuchen bei 250 °C Umluft 3 bis 5 Minuten backen. Vor dem Essen mit Pinienkernen bestreuen und mit Salz und Pfeffer würzen.

Flammkuchen mit Rotkohl

Reich an Kalzium und Vitaminen

Eine Portion enthält

702 kcal (2948 kJ)	31 g Eiweiß
106 g Kohlenhydrate	367 mg Kalzium
10 g Ballaststoffe	Vitamin C, E + K
16,6 g Fett	

Zutaten für 2 Portionen

Für den Teig

250 g Weizenmehl Type 405
½ Pck. Trockenhefe
1 Prise Zucker
1 EL Öl
1 gute Prise Salz

Für den Belag

300 g Rotkohl
½ Apfel
1 EL Rapsöl
1 TL Himbeeressig
2 TL Johannisbeergelee
Salz, Pfeffer
100 g Frischkäse, 0,2 % Fett
100 g Feta
Thymianblättchen

Zubereitung

1 Mehl in eine Schüssel sieben und eine Mulde hineindrücken. 125 ml lauwarmes Wasser, Hefe und Zucker in die Mulde geben und vorsichtig verrühren. Sobald das Hefewasser kleine Blasen schlägt, Öl und Salz dazugeben und alles zu einem homogenen Teig kneten. Mit einem Geschirrtuch abdecken und 1 Stunde ruhen lassen.

2 Den Rotkohl in feine Streifen hobeln, den Apfel entkernen und in kleine Stücke schneiden. Das Öl in einer Pfanne erhitzen, Rotkohl und Apfel kurz darin anbraten, Essig und Johannisbeergelee unterrühren. Mit Salz und Pfeffer würzen.

3 Den Teig in zwei Portionen teilen, auf Backpapier dünn ausrollen und auf ein Blech legen. Die Fladen mit Frischkäse bestreichen, die Rotkohlmischung darauf verteilen und Feta darüber bröseln.

4 Die Flammkuchen bei 250 °C Umluft 5 bis 7 Minuten backen. Vor dem Servieren mit einigen Thymianblättchen bestreuen.

Kohlrabischnitzel mit Kräuterdip

Reich an Kalzium

Eine Portion enthält

422 kcal (1772 kJ)	8 g Eiweiß
44,3 g Kohlenhydrate	287 mg Kalzium
5,2 g Ballaststoffe	Vitamin C, E + K
16,2 g Fett	

Zutaten für 4 Portionen

2 große Kohlrabi (etwa 640 g)
1½ l Gemüsebrühe
30 g frische Kräuter (z. B. Thymian, Dill, Majoran, Schnittknoblauch, Schnittlauch)
400 g saure Sahne
4 EL Sahne zum Kochen, 15 % Fett
2 Knoblauchzehen
Salz, Pfeffer
Muskat
60 g Weizenmehl Type 405
1 Ei
120 g Semmelbrösel
2 EL Rapsöl

Zubereitung

1 Die Kohlrabis schälen und in ca. 1 cm dicke Scheiben schneiden. Gemüsebrühe aufkochen und die Kohlrabischeiben darin 15 Minuten garen.

2 Inzwischen die Kräuter waschen und verlesen, Knoblauch abziehen, beides fein hacken. Saure Sahne mit Schlagsahne glattrühren, Kräuter und Knoblauch dazugeben. Mit Salz und Pfeffer würzen, durchziehen lassen.

3 Kohlrabischeiben auf einem Küchentuch abtropfen lassen, mit Pfeffer, Salz und etwas Muskat würzen. Das Ei verquirlen und auf einen Teller geben. Auf 2 weiteren Tellern Mehl und Semmelbrösel verteilen. Die Kohlrabischeiben in Mehl wenden, durch das aufgeschlagene Ei ziehen und zuletzt mit Semmelbrösel panieren.

4 Das Öl in einer Pfanne erhitzen und die Kohlrabischnitzel von beiden Seiten knusprig braten.

TIPP

Dazu schmecken Kartoffeln.

Ofenpommes mit Feta

Die fettarme Alternative

Eine Portion enthält

570 kcal (2394 kJ)	12,3 g Eiweiß
27 g Kohlenhydrate	246 mg Kalzium
4,4 g Ballaststoffe	Vitamin B12, C + K
13,8 g Fett	

Zutaten für 2 Portionen

Für die Ofenpommes

4 große, lange Kartoffeln, vorwiegend festkochend (geschält etwa 700 g)
1 EL Rapsöl
½ TL Salz
Pfeffer
1 TL Pul Biber
1 TL gemischte, gehackte Kräuter (z. B. Thymian, Rosmarin, Oregano)

Für den Feta

1 Knoblauchzehe
1 EL Rapsöl
1 TL Zitronensaft
1 TL Thymian
Pfeffer aus der Mühle
1 Prise Zucker
200 g Feta

Zubereitung

1 Die Kartoffeln schälen und zuerst in gleichmäßig dicke Scheiben, dann in Stifte schneiden. Je dünner die Stifte, desto knuspriger die Pommes. Kartoffelstifte für 5 Minuten in kaltes Wasser geben, mit den Händen waschen und das Ganze mit frischem Wasser wiederholen. Auf diese Weise wird die Stärke abgewaschen. Die Kartoffelstifte mit einem Tuch trocken tupfen und in eine Schüssel geben. Öl, Salz, Pfeffer, Pul Biber und Kräuter dazugeben und alles mit den Händen vermischen.

2 Den Backofen auf 220 °C Ober-/Unterhitze vorheizen. Ein Backblech mit Backpapier belegen, die Kartoffelstifte darauf verteilen und darauf achten, dass sie möglichst nicht aufeinander liegen. Die Ofenpommes 30 bis 40 Minuten knusprig braun backen.

3 Inzwischen die Knoblauchzehe abziehen und pressen, mit Öl, Zitronensaft, Thymian, Pfeffer und Zucker vermischen. Den Feta zerbröseln und unterrühren.

TIPP

Wer es scharf mag, kann frische gehackte Chilischote unter den Feta mischen.

One Pot Penne

Einfacher und schneller Sattmacher

Eine Portion enthält

345 kcal (1449 kJ)	10,6 g Fett
49,4 g Kohlenhydrate	17 g Eiweiß
3,3 g Ballaststoffe	338 mg Kalzium

Zutaten für 4 Portionen

1 Knoblauchzehe
10 getrocknete Tomaten in Öl
60 g Parmesan
20 g Butter
250 ml Gemüsebrühe
250 ml Milch, 1,5 % Fett
250 g kleine Penne
schwarzer Pfeffer aus der Mühle
1 TL Thymian
1 TL Majoran

Zubereitung

1 Den Knoblauch abziehen und fein würfeln. Die Tomaten ebenfalls würfeln, den Parmesan reiben.

2 Die Butter in einem weiten Topf oder einer Pfanne mit Deckel erhitzen, den Knoblauch bei schwacher Hitze darin andünsten, jedoch nicht bräunen. Mit Brühe und Milch aufgießen, Penne und Tomaten hinzugeben, alles kräftig mit Pfeffer würzen.

3 Bei geschlossenem Deckel aufkochen lassen, erneut umrühren und dabei Majoran und Thymian unterheben. Die Nudeln bei schwacher Hitze ca. 10 Minuten garen, sie sollten die Flüssigkeit dabei fast vollständig aufnehmen.

4 Direkt vor dem Essen den Parmesan unterheben.

TIPP

Die One Pot Penne schmecken auch kalt als Salat.

Kichererbsen-Spinat-Bratlinge

Reich an Kalzium und Vitaminen

Eine Portion enthält

390 kcal (1638 kJ)	18,8 g Eiweiß
49,3 g Kohlenhydrate	210 mg Kalzium
11,5 g Ballaststoffe	Vitamin B12, C + K
12,1 g Fett	

Zutaten für 4 Portionen

1 Stange Lauch
1–2 Knoblauchzehen
200 g frischer Spinat
3 EL Rapsöl
Salz, Pfeffer
2 Dosen Kichererbsen
(à 250 g Abtropfgewicht)
3 Scheiben Vollkorntoast
1 TL Kurkuma
1 TL Kreuzkümmel
2 TL Sojasauce
2 Eier
4–5 EL Semmelbrösel
1 unbehandelte Zitrone

Zubereitung

1 Den Lauch putzen, längs aufschneiden, gründlich waschen und in feine Ringe schneiden. Die Knoblauchzehe schälen und fein hacken. Den Spinat verlesen und waschen.

2 In einer Pfanne 1 EL Öl erhitzen, darin den Lauch hellbraun anbraten, Knoblauch unterrühren und den Spinat dazugeben. Sobald der Spinat zusammengefallen ist, mit etwas Salz und Pfeffer würzen. Abkühlen lassen.

3 Kichererbsen in ein Sieb geben, abbrausen, abtropfen lassen und mit einer Gabel zerdrücken. Das Toastbrot entrinden, den Rest in kleine Würfel schneiden.

4 Die abgekühlte Spinatmischung mit Kurkuma, Kreuzkümmel und Sojasauce würzen und gut mit den Kichererbsen vermischen. Eier untermischen und zum Schluss die Brotwürfel unterheben. Die Masse für eine halbe Stunde in den Kühlschrank stellen.

5 Anschließend gleichmäßige Bratlinge formen, diese in Semmelbröseln wenden. Das restliche Öl erhitzen, die Bratlinge darin goldbraun und knusprig braten.

6 Die Zitrone in Scheiben schneiden. Die Bratlinge mit einer Zitronenscheibe servieren und vor dem Essen mit etwas Saft beträufeln.

Asiatische Reispfanne

Reich an Vitaminen

Eine Portion enthält

304 kcal (1276 kJ)	13,6 g Eiweiß
44 g Kohlenhydrate	72 mg Kalzium
8,1 g Ballaststoffe	Vitamin B12, C, D,
6,6 g Fett	E + K

Zutaten für 4 Portionen

250 g Basmatireis
2 Eier
1 rote Paprikaschote
1 kleine Stange Lauch
250 g frische Austernseitlinge
250 g frische Champignons
200 g frische Mungbohnensprossen
1 EL Rapsöl
3 EL dunkle Sojasauce
Salz
Pfeffer
Chiliflocken

Zubereitung

1 Den Reis nach Packungsanweisung in Salzwasser kochen.

2 Die Eier mit Salz verquirlen und in einer kleinen Pfanne zu Rührei braten.

3 Paprikaschote und Lauch putzen, waschen und in kleine Streifen schneiden, Pilze putzen und in mundgerechte Stücke schneiden. Sprossen waschen und in einem Sieb gut abtropfen lassen.

4 Das Öl in einer großen Pfanne oder einem Wok erhitzen, den Lauch darin kräftig anbraten, die Pilze dazugeben und dünsten, bis sie Wasser ziehen. Paprikastreifen und Sprossen dazugeben und kurz durchziehen lassen. Die Sojasauce einrühren und alles mit Salz, Pfeffer und etwas Chili würzen.

5 Rührei und Reis unter das Gemüse heben, alles etwa 5 Minuten durchziehen lassen.

TIPP

Beim Gemüse können Sie variieren. Ergänzen Sie zum Beispiel Möhren, Brokkoli, Chinakohl etc.

Mangold-Quiche mit Dinkelvollkornboden

Reich an Antioxidantien

Ein Stück enthält

238 kcal (999 kJ)	7,6 g Eiweiß
16,4 g Kohlenhydrate	126 mg Kalzium
2,7 g Ballaststoffe	Vitamin B12, C, E, K
12,7 g Fett	

Zutaten für 12 Stücke

Für den Mürbeteig

200 g Dinkelvollkornmehl
50 g Weizenmehl Type 405
1 TL Salz
2 EL Haferflocken
100 g Margarine
1 Ei

Für den Belag

400 g Mangold
1 EL Rapsöl
Salz, Pfeffer
1 Msp. Muskat
1 kleine Zucchini
1 kleines Bund Basilikum
50 g Parmesan
100 g Sahne zum Kochen, 15 % Fett
100 g saure Sahne
2 Eier

Zubereitung

1 Weizen- und Dinkelmehl mit Salz und Haferflocken vermischen. Margarine und Ei zugeben und alles zu einem Teig verkneten. Den Teig zu einer Kugel formen, in Klarsichtfolie einpacken und mindestens 30 Minuten in den Kühlschrank legen.

2 Den Mangold waschen und putzen. Das Öl erhitzen, darin den Mangold dünsten und kräftig mit Salz, Pfeffer und Muskat würzen. Die Zucchini waschen, putzen und grob reiben. Basilikumblätter abzupfen und hacken.

3 Den Parmesan reiben, mit Eiern, Sahne, saurer Sahne und zwei Prisen Salz verrühren. Restliche Zutaten dazugeben und alles gut vermischen.

4 Den Teig ausrollen und eine Quiche- oder Springform damit auslegen, dabei einen Rand von mindestens 2 bis 3 cm bilden. Den Boden mehrfach mit einer Gabel einstechen und die Füllung darauf verteilen. Die Quiche sofort in den Ofen stellen und bei 180 °C Umluft 50 bis 60 Minuten backen.

Rotkohlpäckchen mit Bulgur

Eine vegane Hauptmahlzeit

Eine Portion enthält

345 kcal (1449 kJ)	12,2 g Eiweiß
51,4 g Kohlenhydrate	254 mg Kalzium
19 g Ballaststoffe	Vitamin C, E + K
7,8 g Fett	

Zutaten für 4 Portionen

100 g Bulgur
1 Zwiebel
1 Knoblauchzehe
160 g frische Champignons
8 Stängel Petersilie
1 kleiner Rotkohl (ca. 800 g)
2–3 EL Rapsöl
1 TL getrockneter Thymian
1 TL getrocknetes Basilikum
60 g Mungbohnensprossen
2 EL Weizenvollkornmehl
125 ml milder Apfelsaft
125 ml Gemüsebrühe
2–3 EL Tomatenmark
Salz, Pfeffer

Zubereitung

1 Den Bulgur 30 Minuten in 300 ml heißem Wasser einweichen. Anschließend in einem Sieb abgießen und das Wasser auffangen.

2 Zwiebel und Knoblauch schälen, beides fein würfeln. Pilze putzen und in feine Scheiben schneiden. Petersilie waschen und hacken. Vom Rotkohl die äußeren Blätter abnehmen, den Strunk mit einem Messer herausschneiden und den Kohlkopf 15 Minuten in köchelndes Wasser legen. Danach lassen sich die Blätter einzeln lösen.

3 1 EL Öl in eine Pfanne geben und die Zwiebeln darin andünsten. Knoblauch und Pilze dazugeben und anbraten. Pilzmischung mit dem aufgefangenen Bulgur-Wasser ablöschen, aufkochen lassen, den Bulgur dazugeben und kurz garen. Die Masse in eine Schüssel geben, kurz abkühlen lassen. Petersilie, Thymian und Basilikum sowie die Sprossen unterheben und die Masse mit etwas Mehl andicken. Kräftig mit Salz und Pfeffer würzen.

4 Rotkohlblätter mit der Bulgur-Pilz-Mischung füllen und zu Päckchen falten. Die Füllung sollte möglichst komplett umschlossen sein. Das restliche Öl in einem weiten Topf erhitzen, darin die Kohlpäckchen rundum 5 bis 10 Minuten braten.

5 Gemüsebrühe mit Apfelsaft vermischen, davon die Hälfte zu den Kohlpäckchen gießen. Den Topf mit einem Deckel schließen und die Päckchen 10 Minuten im köchelnden Sud garen. Anschließend die Päckchen wenden, den Rest der Brühe-Mischung hinzugeben und weitere 20 Mi-

nuten bei geschlossenem Deckel köcheln lassen. Der Rotkohl ist gar, wenn man leicht mit einem Messer hineinstechen kann.

6 Die Rotkohlpäckchen aus dem Topf nehmen. Tomatenmark in die restliche Brühe rühren, etwas eindicken lassen. Die Sauce mit Salz und Pfeffer würzen und die Kohlpäckchen darin servieren.

Himmel und Erde

Reich an Vitamin C und K

Eine Portion enthält

318 kcal (1335 kJ)	7 g Eiweiß
51,1 g Kohlenhydrate	128 mg Kalzium
8 g Ballaststoffe	Vitamin C + K
6 g Fett	

Zutaten für 4 Portionen

800 g mehlig kochende Kartoffeln
½ TL Salz
4 kleine Zwiebeln
20 g Butter
500 g aromatische Äpfel
300 ml Milch, 1,5 % Fett
Muskat

Zubereitung

1 Kartoffeln schälen, in gleichmäßige Stücke schneiden, in Salzwasser zum Kochen bringen und garen.

2 Die Zwiebeln schälen und in feine Ringe schneiden. Die Butter in einer Pfanne erhitzen und die Zwiebeln darin braun anbraten. Leicht salzen, herausnehmen und warmhalten.

3 Die Äpfel in gleichmäßige Scheiben schneiden, das Kerngehäuse entfernen und die Scheiben in der Zwiebelbutter von beiden Seiten kurz anbraten.

4 In einem kleinen Topf die Milch erwärmen, die gekochten Kartoffeln grob stampfen und die Milch unterheben. Das Püree mit Salz und Muskat würzen.

5 Kartoffelpüree zusammen mit den gebräunten Zwiebeln und den Apfelscheiben genießen.

Sonnenweizen-Risotto

Gut für die Verdauung

Eine Portion enthält

241 kcal (1012 kJ)	3,5 g Fett
16,4 g Kohlenhydrate	5,5 g Eiweiß
1,6 g Ballaststoffe	90 mg Kalzium

Zutaten für 4 Portionen

2 kleine Schalotten
2 Knoblauchzehen
6–8 Softtomaten
1 Zucchini
2 EL Olivenöl
150 g Ebly Sonnenweizen
100 ml Weißwein (z. B. Riesling)
400 ml Gemüsebrühe
Salz, Pfeffer
40 g Parmesan

Zubereitung

1 Schalotten und Knoblauch schälen und in feine Würfel schneiden. Zucchini waschen, putzen und klein schneiden, Softtomaten ebenfalls klein schneiden.

2 Das Öl in einem weiteren Topf erhitzen. Schalotten und Knoblauch hineingeben, kurz anbraten, dann Tomaten und Sonnenweizen dazugeben und unter Rühren erhitzen. Mit Weißwein ablöschen, aufkochen und mit warmer Gemüsebrühe aufgießen. Zucchiniwürfel mit in den Topf geben und die Flüssigkeit so lange einkochen, bis sie anfängt cremig zu werden und die Weizenkörner gar sind (etwa 15 Minuten).

3 Den Parmesan reiben. Das Risotto mit Salz und Pfeffer würzen, vom Herd nehmen und den Parmesan unterheben.

Bärlauch-Pesto

Reich an Kalzium

Eine Portion enthält

179 kcal (751 kJ)	16,4 g Fett
3,5 g Kohlenhydrate	4,7 g Eiweiß
1 g Ballaststoffe	111 mg Kalzium

Zutaten für 4 Portionen

40 g Cashewkerne, ungesalzen und ungeröstet
30 g frische Bärlauchblätter
40 g Gruyère
½ TL Salz
etwas Pfeffer
eine Prise Zucker
4–5 EL Olivenöl

Zubereitung

1 Cashewkerne in einer Pfanne ohne Fett leicht bräunen, dann abkühlen lassen.

2 Bärlauchblätter unter fließendem Wasser waschen und gut abtropfen lassen. Zwei Drittel davon grob zerkleinern, ein Drittel fein schneiden. Gruyère reiben, zusammen mit Cashewkernen, den groben Bärlauchstücken, Salz, Pfeffer und Zucker in einem Mixer pürieren, bis die gewünschte Konsistenz entstanden ist.

3 Olivenöl dazugeben und zum Schluss die feingeschnittenen Bärlauchblätter unterheben.

TIPP

Pesto schmeckt zu Pasta oder Baguette, verfeinert Saucen, Suppen oder Aufläufe und ist eine leckere Füllung für herzhafte Snacks.

Rucola-Pesto mit Walnüssen

Reich an Kalzium

Eine Portion enthält

118 kcal (497 kJ)	3,5 g Eiweiß
1 g Kohlenhydrate	104 mg Kalzium
0,5 g Ballaststoffe	Vitamin B12 + K
12 g Fett	

Zutaten für 4 Portionen

50 g Rucola
50 g Parmesan
1 Knoblauchzehe
50 g Walnusskerne
ca. 6 EL mildes Rapsöl
Salz, Pfeffer
1 Prise Zucker

Zubereitung

1 Rucola verlesen, waschen und trockenschleudern. Parmesan reiben, Knoblauch klein schneiden. Walnusskerne in einer Pfanne ohne Fett rösten und anschließend hacken.

2 Die vorbereiteten Zutaten in einem Mixer pürieren, nach und nach Rapsöl dazugeben. Je nachdem wie flüssig das Pesto sein soll, mehr oder weniger Öl verwenden. Mit Salz, Pfeffer und Zucker würzen.

TIPP

Füllen Sie das Pesto in frisch ausgespülte Gläser und achten Sie darauf, dass es immer mit etwas Öl bedeckt ist. Dann hält es sich im Kühlschrank etwa drei Wochen.

Pesto rosso mit Haselnüssen und Chili

Reich an Kalzium und Vitamin B12

Nährwerte pro Glas

742 kcal (3116 kJ)	23,2 g Eiweiß
18 g Kohlenhydrate	532 mg Kalzium
3,4 g Ballaststoffe	Vitamin B12
63,2 g Fett	

Zutaten für 2 Gläser

120 g getrocknete Tomaten in Öl

150 g geröstete, im Sud eingelegte Paprika

1 kleine rote Chilischote

1 Knoblauchzehe

50 g gehackte Haselnüsse

70 ml Olivenöl

3 Prisen Salz

etwas Thymian oder Rosmarin

75 g Parmesan

Zubereitung

1 Tomaten und Paprika zerkleinern, Chilischote entkernen, waschen und ebenfalls klein schneiden. Knoblauchzehe schälen und fein würfeln.

2 Haselnüsse in einer Pfanne ohne Öl vorsichtig hellbraun anrösten. Etwas abkühlen lassen.

3 Die vorbereiteten Zutaten in den Mixer geben und pürieren. Nach und nach Olivenöl zugießen und alles mit Salz und Kräutern würzen. Zum Schluss den Parmesan reiben und unterheben.

Gemüsepuffer

Reich an Vitaminen

Eine Portion enthält

225 kcal (945 kJ)	8,3 g Eiweiß
30 g Kohlenhydrate	77 mg Kalzium
6,7 g Ballaststoffe	Vitamin C, E + K
7,8 g Fett	

Zutaten für 4 Portionen

5 mittelgroße Kartoffeln
2–3 kleine Zucchini
2 Möhren
1 kleine Paprikaschote
1 kleine Zwiebel
1 EL gehackte Petersilie
1 großes Ei
2 EL Weizenmehl Type 405
2 EL Haferflocken
Salz, Pfeffer
Öl zum Braten

Zubereitung

1 Kartoffeln, Zucchini, Möhren, Paprika und Zwiebel je nach Sorte waschen, schälen und putzen. Kartoffeln und Zwiebel fein, das restliche Gemüse etwas gröber reiben oder in kleine Würfel schneiden. Die geriebenen Zucchini kräftig ausdrücken, damit sie die Teigmasse nicht zu sehr verwässern. Die Flüssigkeit der Kartoffeln hingegen im Teig behalten, da die Stärke beim Braten zusätzlich für Zusammenhalt sorgt. Sollte der Teig zu flüssig erscheinen, kann etwas Kartoffelbrühe abgeschöpft werden.

2 Alles zusammen mit Petersilie, Ei, Mehl und Haferflocken in eine Schüssel geben, kräftig mit Salz und Pfeffer würzen und zu einem Teig rühren. Kurz ruhen lassen.

3 In einer Pfanne Öl erhitzen. Den Teig mit feuchten Händen zu Puffern formen und im Öl ausbacken.

TIPP

Dazu schmeckt ein frischer Kräuterquark mit Tomaten, aber auch ganz klassisch eine Portion Apfelmus.

Spargelrisotto

Reich an Kalzium

Eine Portion enthält

434 kcal (1822 kJ)	17,3 g Eiweiß
65 g Kohlenhydrate	324 mg Kalzium
4,8 g Ballaststoffe	Vitamin C + K
16 g Fett	

Zutaten für 4 Portionen

1 kg grüner Spargel
1 kleine Zwiebel
70 g Parmesan
1 l Gemüsebrühe
2 EL Olivenöl
300 g Rundkornreis
125 ml Weißwein
20 g Butter
Salz, Pfeffer

Zubereitung

1 Spargel waschen und eventuell holzige Enden abschneiden. Anschließend die Stangen in 4 bis 5 Stücke teilen. Die Zwiebel schälen und fein würfeln. Gemüsebrühe in einem Topf erhitzen und warm halten.

2 Olivenöl in einem Topf erhitzen, darin die Zwiebeln glasig andünsten, dann den Reis dazugeben und unter Rühren anschwitzen, bis der Reis ebenfalls leicht glasig wird.

3 Mit Weißwein ablöschen und mit Brühe aufgießen, bis der Reis gerade so bedeckt ist. Die Brühe einköcheln lassen und regelmäßig umrühren. Auf diese Weise immer wieder Brühe angießen, bis diese entweder aufgebraucht ist oder der Reis die gewünschte Konsistenz erreicht hat (ca. 30 bis 40 Minuten).

4 Inzwischen die Butter in einer Pfanne erhitzen, darin die Spargelstücke anbraten und garen. Wenn der Reis gar ist, den Spargel unterheben. Den Parmesan reiben und direkt vor dem Servieren unter das Risotto rühren. Mit Salz und Pfeffer würzen.

TIPP

Das Spargelrisotto schmeckt pur oder als Beilage zu Fleisch oder Bratlingen.

Überbackene Ofenkartoffeln

Reich an Kalzium

Eine Portion enthält

366 kcal (1537 kJ)	15,6 g Eiweiß
47,5 g Kohlenhydrate	334 mg Kalzium
7,9 g Ballaststoffe	Vitamin C + K
11,5 g Fett	

Zutaten für 4 Portionen

1 kg mittelgroße festkochende Kartoffeln
Salz
1 kleine Stange Lauch
3 Scheiben Vollkorntoast
5 Stiele Thymian
70 g Parmesan
1 geh. EL Butter
50 g mittelscharfer Senf
50 g Crème légère
Pfeffer

Zubereitung

1 Die Kartoffeln waschen und samt Schale 20 Minuten in Salzwasser garen.

2 Den Lauch putzen, längs aufschneiden, gründlich waschen und in feine Ringe schneiden. Das Toastbrot zerbröseln, Thymianblättchen abzupfen und den Parmesan reiben.

3 Lauch in 1 TL Butter andünsten und etwas abkühlen lassen. Restliche Butter in die Pfanne geben und die Brotbrösel samt Thymian leicht anrösten. 50 g Parmesan, Senf und Crème légère miteinander verrühren, Thymianbrösel und Lauch unterheben, leicht pfeffern.

4 Die Kartoffeln abgießen, halbieren, mit der flachen Seite nach oben auf ein Blech legen und salzen. Die Bröselmischung auf den Schnittflächen verteilen und die Kartoffeln mit dem restlichen Parmesan bestreuen. Bei 175 °C Umluft ca. 15 Minuten überbacken.

Weißkohl-Nudel-Pfanne

Gut für die Verdauung

Eine Portion enthält

425 kcal (1785 kJ)	14,9 g Eiweiß
68 g Kohlenhydrate	134 mg Kalzium
16,7 g Ballaststoffe	Vitamin C, E + K
7,6 g Fett	

Zutaten für 4 Portionen

850 g Weißkohl
2 Zwiebeln
2 EL Rapsöl
300 g Dinkelnudeln
Salz
80 g Softtomaten
500 g passierte Tomaten
Pfeffer
etwas Zucker

Zubereitung

1 Weißkohl in kleine Quadrate schneiden. Zwiebeln schälen und fein würfeln.

2 1 EL Öl in einer großen Pfanne erhitzen, die Zwiebeln darin glasig dünsten, den Weißkohl zusammen mit dem restlichen Öl dazugeben und anbraten. Der Kohl muss richtig schön anbraten, damit er ein gutes Aroma entwickelt. Sobald er am Pfannenboden anhängt, mit etwas Wasser lösen, den Vorgang wiederholen, bis der Kohl weich ist.

3 Die Nudeln nach Packungsanweisung in Salzwasser garen.

4 Die Softtomaten fein würfeln, zusammen mit den passierten Tomaten zum Kohl geben. Alles mit Salz, Pfeffer und einer Prise Zucker würzen. Die Nudeln abgießen, in die Pfanne geben und alles mischen.

HAUPTSPEISEN MIT FISCH

Seelachsfilet im Rösti

Enthält wenig Fett und wertvolles Eiweiß

Eine Portion enthält

257 kcal (1081 kJ)	20,5 g Eiweiß
26 g Kohlenhydrate	31 mg Kalzium
4 g Ballaststoffe	Vitamin B12, C + K
6,9 g Fett	

Zutaten für 4 Portionen

8 mittelgroße Kartoffeln
400 g Seelachsfilet
1 unbehandelte Zitrone
Salz, Pfeffer
Rapsöl zum Braten

Zubereitung

1 Kartoffeln schälen und auf einer Reibe in dünne Streifen hobeln. Alternativ geht es auch mit einem Julienne-Schneider, die Scheiben sollten jedoch nicht zu fein werden.

2 Den Fisch abwaschen, trockentupfen und in mundgerechte Würfel schneiden. Die Zitrone auspressen. Fisch mit Salz, Pfeffer und Zitronensaft von beiden Seiten würzen.

3 Die Kartoffeln ebenfalls salzen und pfeffern, falls sie Flüssigkeit gezogen haben, diese vor dem Würzen abgießen. Einen guten Esslöffel Kartoffelscheiben auf die Handfläche geben, ein Stückchen Fisch darauf setzen und einen weiteren Esslöffel Kartoffeln darüber geben.

4 Mit der anderen Hand fest andrücken. Die Stärke aus den Kartoffeln sorgt dafür, dass alles schön zusammenhält. Die Rösti sollten nicht zu rund bzw. hoch werden. Wenn die Kartoffeln den Fisch gerade so umschließen, ist es perfekt.

5 Den Backofen auf 160 °C Ober-/Unterhitze vorheizen. Öl in einer Pfanne erhitzen, darin die Fischpäckchen von beiden Seiten knusprig braun braten. Die fertigen Fischpäckchen im Backofen warm halten, bis alle gebraten sind.

TIPP

Dazu schmeckt eine große Portion grüner Salat.

Heringssalat nach Omas Art

Reich an guten Fetten

Eine Portion enthält

412 kcal (1730 kJ)
9,4 g Kohlenhydrate
1,3 g Ballaststoffe
32,5 g Fett
20,1 g Eiweiß
150 mg Kalzium
Vitamin B12, C, E + K

Zutaten für 4 Portionen

2 Eier
2 EL Butter
1 EL Weizenmehl Type 405
100 ml Milch, 1,5 % Fett
200 g Schmand
Salz, Pfeffer
1 große Zwiebel
200 g Essiggurken
1 Apfel
300 g Heringsfilet in Öl
2 EL Gurkenbrühe

Zubereitung

1 Die Eier hart kochen und abkühlen lassen.

2 Die Butter in einem Topf schmelzen, das Mehl darin hell anschwitzen, dann mit Milch ablöschen. Den Topf vom Herd nehmen und den Schmand unterrühren. Die Sauce mit Salz und Pfeffer würzen, abkühlen lassen.

3 Eier pellen, Zwiebel schälen, Gurken putzen, Apfel entkernen. Alles in kleine Würfel schneiden und direkt in die Sauce geben, damit der Apfel nicht braun wird.

4 Heringsfilets zuerst längs teilen, dann in größere Würfel schneiden und ebenfalls untermischen. Alles gut vermischen und mit Gurkenbrühe, Salz und Pfeffer würzen.

5 Den Salat mindestens 1 Stunde im Kühlschrank durchziehen lassen.

TIPP

Genießen Sie den Matjessalat mit Pellkartoffeln oder auf frischem Brot.
Nach Geschmack können Sie auch einige Stücke Rote Bete in den Salat schneiden.

Kabeljau in Tomatensauce

Reich an Antioxidantien

Eine Portion enthält

188 kcal (789 kJ)	31,2 g Eiweiß
7,3 g Kohlenhydrate	79 mg Kalzium
2,7 g Ballaststoffe	Vitamin B12, C + K
3,3 g Fett	

Zutaten für 4 Portionen

2 kleine Zwiebeln
2 Knoblauchzehen
1 EL Rapsöl
800 g stückige Tomaten (Konserve)
1 TL italienische Kräuter
1 EL Balsamico
1 Prise Zucker
Salz, Pfeffer
600 g Kabeljaufilet
50 g Babyspinat

Zubereitung

1 Zwiebeln schälen und fein würfeln. Knoblauch schälen und fein hacken. Öl in einem Topf erhitzen, darin die Zwiebeln glasig andünsten. Knoblauch und Tomaten dazugeben, Kräuter und Balsamico unterrühren und die Sauce 5 bis 10 Minuten leicht köcheln lassen. Mit Zucker, Salz und Pfeffer würzen.

2 Fischfilet in mundgerechte Stücke schneiden, in die Sauce legen und bei geschlossenem Deckel 5 Minuten ziehen lassen. Den Spinat waschen und abtropfen lassen. Wenn der Fisch gar ist, den Spinat vorsichtig unterheben und in der Sauce erwärmen.

TIPP

Dazu schmeckt Natur- oder Wildreis.

Fischburger

Die gesunde Alternative

Ein Burger enthält

321 kcal (1348 kJ)	23,3 g Eiweiß
36,5 g Kohlenhydrate	60 mg Kalzium
6,5 g Ballaststoffe	Vitamin B12, C + K
8,6 g Fett	

Zutaten für 6 Portionen

1 Brötchen vom Vortag
1 mittelgroße Zwiebel
500 g Seelachsfilet
½ TL Salz
Pfeffer
1 Ei
1 EL gehackte Petersilie
3 EL Rapsöl
¼ Salatgurke
6 Vollkornbrötchen
6 TL Salatcreme
6 große Salatblätter

Zubereitung

1 Das Brötchen in etwas Wasser einweichen und gut ausdrücken. Die Zwiebel schälen und achteln. Das Fischfilet trockentupfen, in grobe Stücke teilen, mit Salz und Pfeffer würzen. Fisch abwechselnd mit Zwiebeln und Brötchen durch einen Fleischwolf drehen.

2 Die Masse mit Ei und Petersilie vermischen und kurz ruhen lassen.

3 Das Öl in einer großen Pfanne erhitzen. 6 Frikadellen aus der Fischmasse formen und vorsichtig von beiden Seiten 5 Minuten goldbraun braten.

4 Die Salatgurke waschen und in Scheiben schneiden. Die Vollkornbrötchen halbieren, die unteren Hälften jeweils mit Salatcreme bestreichen, einige Gurkenscheiben, ein Salatblatt und eine Fischfrikadelle darauf legen und mit den zweiten Hälften bedecken.

Fischragout

Reich an Kalzium und guten Fetten

Eine Portion enthält

384 kcal (1612 kJ)	42,1 g Eiweiß
14,9 g Kohlenhydrate	204 mg Kalzium
3,7 g Ballaststoffe	Vitamin B12 + E
14,8 g Fett	

Zutaten für 4 Portionen

500 g Fisch (z. B. Lachs, Seelachs und Kabeljau)
Pfeffer, Salz
½ unbehandelte Zitrone
250 g Krabben
250 g frische Champignons
½ Zwiebel
2 EL Butter
2 EL Weizenmehl Type 405
350 ml Milch, 1,5 % Fett
125 ml halbtrockener Weißwein (z. B. Riesling)
150 g Erbsen

Zubereitung

1 Fisch in mundgerechte Stücke schneiden, leicht salzen und pfeffern, mit Zitronensaft beträufeln und 15 Minuten ruhen lassen. Krabben ggf. pulen. Pilze putzen und vierteln. Zwiebel fein würfeln.

2 Die Butter in einem großen Topf zerlassen, Zwiebeln darin andünsten, die Pilze zugeben und anbraten, bis sie anfangen Wasser zu ziehen. Mit Mehl bestäuben, kurz anschwitzen und mit Milch und Weißwein ablöschen. Kurz aufkochen, dann die Hitze zurückdrehen.

3 Erbsen, Krabben und Fischwürfel in die Sauce geben und alles auf niedriger Temperatur 10 Minuten ziehen lassen. Mit Salz und Pfeffer abschmecken.

TIPP

Dazu schmeckt Vollkornreis oder Baguette.

Forellensalat mit Mango

Enthält gute Fette und viele Vitamine

Eine Portion enthält

187 kcal (787 kJ)	16,8 g Eiweiß
12 g Kohlenhydrate	70 mg Kalzium
2,8 g Ballaststoffe	Vitamin B12, C, D + K
7,6 g Fett	

Zutaten für 4 Portionen

1 kleiner aromatischer Apfel
2 EL Zitronensaft
1 kleine Salatgurke
1 kleine reife Mango
½ Bund Frühlingszwiebeln
100 g Champignons
½ Bund Dill
125 g Crème légère
2 TL Dijon-Senf
Salz, Pfeffer
1 Prise Zucker
250 g geräuchertes Forellenfilet

Zubereitung

1 Den Apfel schälen, entkernen, achteln und in dünne Scheiben schneiden. In eine Schüssel geben und mit 1 EL Zitronensaft mischen.

2 Die Gurke schälen, längs halbieren, entkernen und in dünne Scheiben schneiden. Die Mango schälen, den Stein entfernen, das Fruchtfleisch klein würfeln. Frühlingszwiebeln und Champignons putzen und in Ringe beziehungsweise Scheiben schneiden. Alles zu den Äpfeln in die Schüssel geben.

3 Den Dill hacken. Crème légère mit Dill, restlichem Zitronensaft und Senf vermischen. Mit Salz, Pfeffer und Zucker würzen.

4 Den Salat mit dem Dressing mischen. Das Forellenfilet in kleine Stücke teilen und kurz vor dem Servieren unterheben.

Schmorgurken mit Kabeljau

Wenig Kalorien und reich an Antioxidantien

Eine Portion enthält

207 kcal (869 kJ)	21,1 g Eiweiß
10,3 g Kohlenhydrate	75 mg Kalzium
3,2 g Ballaststoffe	Vitamin B12, C + K
8,4 g Fett	

Zutaten für 4 Portionen

400 g Kabeljaufilet
Salz, Pfeffer
½ unbehandelte Zitrone
600 g geschälte, entkernte Schälgurken (vollreif)
1 große Zwiebel
2 EL Rapsöl
500 ml passierte Tomaten
80 g Crème légère
1 Prise Zucker

Zubereitung

1 Das Fischfilet trockentupfen und in mundgerechte Stücke teilen. Auf beiden Seiten salzen, pfeffern und mit Zitronensaft beträufeln. Die Gurke ebenfalls in gleichmäßige Stücke schneiden, die Zwiebel schälen und fein würfeln.

2 Das Öl in einem Topf erhitzen, Zwiebeln darin andünsten und Gurken hinzugeben. Im geschlossenen Topf bei mittlerer Hitze 5 Minuten schmoren lassen.

3 Mit den passierten Tomaten ablöschen, Salz, Pfeffer und etwas Zucker hinzugeben und weitere 15 Minuten mit geschlossenem Deckel bei niedriger Temperatur schmoren.

4 Zum Schluss Crème légère einrühren und abschmecken. Die Fischstücke vorsichtig oben auf die Gurken legen und im geschlossenen Topf noch mal 5 bis 10 Minuten durchziehen lassen, bis der Fisch gar ist, also nicht mehr glasig, sondern weiß ist.

TIPP

Dazu schmecken Salzkartoffeln oder Vollkorn-Baguette.

Lachsfilet in Dill-Senf-Sauce

Reich an guten Fetten

Eine Portion enthält

255 kcal (1072 kJ)	24,5 g Eiweiß
6,9 g Kohlenhydrate	72 mg Kalzium
0,8 g Ballaststoffe	Vitamin B12 + E
12,8 g Fett	

Zutaten für 4 Portionen

1 kleine Zwiebel
1 Bund Dill
500 g Lachsfilet
20 g Butter
20 g Weizenmehl Type 405
75 ml Weißwein
250 ml Gemüsebrühe
100 ml Milch, 1,5 % Fett
1 geh. TL Dijon-Senf
Salz, Pfeffer

Zubereitung

1 Die Zwiebel schälen und in kleine Würfel schneiden. Dill waschen und fein hacken. Fisch in 4 gleichgroße Stücke teilen.

2 Für die Sauce die Butter in einen Topf geben, darin die Zwiebeln glasig dünsten, mit Mehl bestäuben und anschwitzen. Mit Weißwein ablöschen und sofort mit Gemüsebrühe und Milch aufgießen. Die Sauce aufkochen lassen, den Senf einrühren und mit Salz und Pfeffer würzen. Zum Schluss den Dill unterrühren.

3 Etwas Sauce auf den Boden einer flachen Auflaufform geben, die Lachsstücke darauf verteilen. Mit der restlichen Sauce bedecken und im Backofen bei 180 °C Umluft 25 bis 30 Minuten garen.

TIPP

Dazu schmecken Wildreis und Blattsalat.

Garnelen in Kräutersauce

Reich an Kalzium und Vitaminen

Eine Portion enthält

478 kcal (2007 kJ)	28 g Eiweiß
74,2 g Kohlenhydrate	257 mg Kalzium
5,6 g Ballaststoffe	Vitamin B12, C, E + K
6,4 g Fett	

Zutaten für 4 Portionen

350 g Linguini
Salz
1 kleines Bund glatte Petersilie
2 Lauchzwiebeln
1 Knoblauchzehe
1 EL Butter
½ TL frischer, gehackter Rosmarin
½ TL frischer, gehackter Thymian
250 g Garnelen, küchenfertig
2 EL Weizenmehl Type 405
500 ml Milch, 1,5 % Fett
Pfeffer
Muskat
1 Spritzer Limettensaft

Zubereitung

1 Die Linguini nach Packungsanleitung in Salzwasser kochen.

2 Die Petersilie waschen und hacken. Lauchzwiebeln putzen und klein schneiden. Den Knoblauch abziehen und fein hacken.

3 Die Butter in einem großen Topf zusammen mit Knoblauch, Rosmarin und Thymian zerlassen. Die Garnelen kurz darin braten, dann wieder heraus nehmen.

4 Das Mehl in den Topf geben und hell anschwitzen, mit Milch ablöschen, unter Rühren aufkochen lassen. Petersilie und Lauchzwiebeln in die Sauce geben und mit einem Stabmixer pürieren. Mit Salz, Pfeffer, Muskat und Limettensaft würzen.

5 Linguini abgießen und zusammen mit den Garnelen unter die Sauce heben.

Ofenlachs mit Kohlrabi

Enthält gute Fette und Kalzium

Eine Portion enthält

332 kcal (1394 kJ)	28 g Eiweiß
13,1 g Kohlenhydrate	206 mg Kalzium
3,2 g Ballaststoffe	Vitamin B12, C, D + K
17,7 g Fett	

Zutaten für 4 Portionen

500 g frisches Lachsfilet
1 unbehandelte Zitrone
Salz, Pfeffer
2 kleine Kohlrabi
1 EL Butter
1 unbehandelte Orange
200 ml Gemüsebrühe
200 g Sahne zum Kochen, 15 % Fett
0,1 g Safranfäden
1 EL frische gehackte Petersilie

Zubereitung

1 Den Lachs waschen, trocken tupfen und auf 4 Stücke Backpapier legen. Die Zitrone heiß abwaschen und in Scheiben schneiden. Den Lachs salzen, pfeffern und mit Zitronenscheiben belegen. In das Backpapier einwickeln, die Seiten umschlagen und die Päckchen auf ein Blech setzen. Für 10 Minuten bei 190 °C Umluft im Backofen garen.

2 Kohlrabi schälen und klein würfeln. Die Butter erhitzen und Kohlrabi darin andünsten. Mit Salz und Pfeffer würzen.

3 Die Hälfte der Orangenschale abreiben, den Saft komplett auspressen. Kohlrabi mit Orangensaft ablöschen, mit Gemüsebrühe aufgießen und 10 bis 15 Minuten schmoren lassen. Anschließend Sahne und Safranfäden dazugeben, nochmal kurz aufkochen, dann mit Petersilie und Orangenschale verfeinern.

TIPP

Dazu schmecken Vollkornnudeln oder Naturreis.

Backfisch auf Sauerkraut

Reich an Kalzium und Vitamin C

Eine Portion enthält

419 kcal (1760 kJ)	34 g Eiweiß
14 g Kohlenhydrate	184 mg Kalzium
8,5 g Ballaststoffe	Vitamin C + K
23 g Fett	

Zutaten für 4 Portionen

2 kleine Zwiebeln
1 EL Rapsöl
850 g mildes Weinsauerkraut
2 TL Paprikapulver edelsüß
150 g Schlagsahne
Salz, Pfeffer
600 g Seelachsfilet
½ unbehandelte Zitrone
2 Eier
5 EL Weizenmehl Type 405
2 EL Butter

Zubereitung

1 Zwiebeln schälen und fein würfeln. Rapsöl in einem Topf erhitzen, die Zwiebeln darin andünsten, dann das Sauerkraut dazugeben. Paprika darüber streuen und alles kurz anbraten.

2 Mit Sahne ablöschen, kurz aufkochen und mit Salz und Pfeffer würzen. Bei schwacher Hitze ca. 30 Minuten garen.

3 Fisch abwaschen, trocken tupfen und in große Stücke teilen. Mit Zitronensaft beträufeln und etwas Salz darüber geben.

4 Die Eier aufschlagen und auf einen Teller geben, Mehl auf einen weiteren Teller geben. Fisch zuerst in Mehl wenden, dann durch das Ei ziehen.

5 In einer Pfanne die Butter erhitzen, darin den Fisch knusprig ausbacken.

TIPP

Dazu schmecken Salzkartoffeln oder Roggenbrot.

HAUPTSPEISEN MIT FLEISCH UND GEFLÜGEL

Hähnchenragout mit grünem Spargel

Reich an Vitamin C und K

Eine Portion enthält

361 kcal (1516 kJ)	40 g Eiweiß
15 g Kohlenhydrate	117 mg Kalzium
8 g Ballaststoffe	Vitamin C + K
13 g Fett	

Zutaten für 4 Portionen

750 g grüner Spargel
500 g Champignons
3 Möhren
1 Zwiebel
500 g Hähnchenbrustfilet
2 EL Rapsöl
Salz, Pfeffer
2 EL Weizenmehl Type 405
1/8 l halbtrockener Weißwein (z. B. Riesling)
400 ml Gemüsebrühe
Muskat
200 g Crème légère mit Kräutern

TIPP

Dazu schmeckt Reis.

Zubereitung

1 Spargel waschen, putzen und eventuell holzige Enden abschneiden. Pilze putzen und halbieren, Möhren schälen und in gleichmäßige Scheiben schneiden, Zwiebel schälen und fein würfeln. Das Fleisch abtupfen und in mundgerechte Stücke schneiden.

2 Öl in einer Pfanne erhitzen, darin das Fleisch kurz von allen Seiten kräftig anbraten. Mit Salz und Pfeffer würzen, aus der Pfanne nehmen und zur Seite stellen.

3 Zwiebeln und Möhren im Fett anbraten, Pilze und Spargel hinzugeben und ebenfalls kurz anschwitzen. Mit Salz und Pfeffer würzen. 2 EL Mehl über das Gemüse geben und hell anschwitzen, mit Wein und Brühe ablöschen, aufkochen und 5 Minuten köcheln lassen.

4 Das Fleisch wieder in die Pfanne geben, alles mit Salz, Pfeffer und Muskat abschmecken. Pfanne mit einem Deckel schließen und das Ragout ca. 20 Minuten bei mittlerer Hitze leicht köcheln lassen. Wenn der Spargel nach Wunsch gegart ist, Crème légère einrühren und erwärmen.

Rinderrouladen

Mageres Fleisch in Maßen genießen

Eine Portion enthält

276 kcal (1159 kJ)	36 g Eiweiß
5,6 g Kohlenhydrate	35 mg Kalzium
11,8 g Fett	

Zutaten für 4 Portionen

4 Rinderrouladen
Salz, Pfeffer
2 EL mittelscharfer Senf
2 kleine Zwiebeln
70 g Katenschinken
2 EL Rapsöl
4 Nelken
4 Wacholderbeeren
2 Lorbeerblätter
1 guter Schuss Rotwein
250 ml Gemüsebrühe
etwas Speisestärke zum Binden der Sauce

TIPP

Dazu schmecken Salzkartoffeln und je nach Saison Rotkohl, Spargel oder Salat.

Zubereitung

1 Die Rouladen ausbreiten und mit einem Fleischklopfer leicht klopfen. Mit Salz und Pfeffer bestreuen, mit Senf bestreichen.

2 Zwiebeln und Katenschinken in kleine Würfel schneiden. Katenschinken und die Hälfte der Zwiebeln auf die Rouladen geben, das Fleisch über die schmale Seite aufrollen und mit Küchengarn oder Spießen fixieren.

3 Das Öl in einem Schmortopf erhitzen, die übrigen Zwiebeln darin anbraten. Rouladen mit Nelken, Wacholderbeeren und Lorbeerblättern dazugeben und von allen Seiten schön braun braten. Zwischendurch immer wieder einen Löffel Brühe dazugeben und damit Bratensatz in der Pfanne lösen. Das ergibt später eine wunderbare Sauce. Alles mit etwas Rotwein ablöschen, dann mit Brühe aufgießen.

4 Die Rouladen bei geschlossenem Deckel und niedriger Temperatur mindestens 90 Minuten schmoren.

5 Die Rouladen herausnehmen und vorsichtig das Garn entfernen. Die Sauce mit etwas Speisestärke leicht binden und mit Salz und Pfeffer abschmecken.

Ofengemüse mit scharfen Hackbällchen

Reich an Kalzium und Vitaminen

Eine Portion enthält

433 kcal (1818 kJ)	31,8 g Eiweiß
8,7 g Kohlenhydrate	180 mg Kalzium
3,6 g Ballaststoffe	Vitamin B12, C, E + K
30 g Fett	

Zutaten für 4 Portionen

1 mittelgroße Zucchini
3 bunte Baby-Paprikaschoten
8 mittelgroße Tomaten
einige Stiele Thymian
Salz, Pfeffer
2 EL Olivenöl
500 g gemischtes Hackfleisch
1 EL Tomatenmark
2 TL Pul Biber
100 g Feta

Zubereitung

1 Zucchini, Paprika und Tomaten waschen, putzen und in mundgerechte Stücke schneiden.

2 Ein Blech mit Backpapier auslegen und das Gemüse gleichmäßig darauf verteilen. Mit Salz und Pfeffer würzen, mit Thymianblättchen bestreuen und mit Olivenöl beträufeln. Den Backofen auf 200 °C Umluft + Grill vorheizen.

3 Das Hackfleisch mit Tomatenmark und Pul Biber mischen, pfeffern und salzen.

4 Den Feta in 12 gleich große Würfel schneiden. Aus der Hackfleischmasse 12 Hackbällchen formen und dabei je ein Stück Feta in der Mitte einschließen. Die fertigen Hackbällchen zwischen das Gemüse legen. 25 bis 30 Minuten im heißen Ofen garen.

TIPP

Wenn Sie es nicht so scharf mögen, verwenden Sie statt Pul Biber Paprikapulver rosenscharf.

Zucchini-Spätzle-Auflauf

Enthält wichtige Antioxidantien

Eine Portion enthält

529 kcal (2221 kJ)	27,2 g Eiweiß
60 g Kohlenhydrate	228 mg Kalzium
7 g Ballaststoffe	Vitamin C + E
19,6 g Fett	

Zutaten für 4 Portionen

300 g Spätzle (aus Hartweizen)
Salz
600 g Zucchini (geraspelt und ausgedrückt 400 g)
1 Zwiebel
150 g magerer geräucherter Schinken
5–6 mittelgroße Tomaten
1 Kugel Mozzarella
100 g Crème légère
1 Spritzer Zitronensaft
2 EL Rapsöl
Pfeffer
etwas frisch geriebener Ingwer

Zubereitung

1 Spätzle nach Packungsanleitung in Salzwasser kochen.

2 Zucchini waschen, putzen, raspeln und gut ausdrücken. Zwiebel schälen und klein schneiden, Schinken klein würfeln. Tomaten waschen, putzen und in Scheiben schneiden. Mozzarella ebenfalls in Scheiben schneiden.

3 Crème légère mit Zitronensaft verrühren. Eine große Auflaufform mit 1 EL Öl einfetten.

4 Das restliche Öl in einer Pfanne erhitzen, darin die Zwiebeln glasig andünsten und die Schinkenwürfel kurz mitbraten.

5 Die Spätzle abgießen, mit Zucchini, Zwiebeln und Schinken mischen und die Crème légère unterheben. Alles mit Salz und Pfeffer abschmecken und in die Auflaufform füllen.

6 Tomaten- und Mozzarella-Scheiben abwechselnd auf der Spätzlemischung verteilen und mit etwas geriebenem Ingwer bestreuen. Den Auflauf im Backofen bei 200 °C Umluft 20 bis 30 Minuten überbacken.

Brotauflauf mit Brokkoli

Reich an Kalzium und Vitaminen

Eine Portion enthält

470 kcal (1974 kJ)	29,3 g Eiweiß
37,5 g Kohlenhydrate	497 mg Kalzium
4,3 g Ballaststoffe	Vitamin B12, C + K
22 g Fett	

Zutaten für 4 Portionen

250 g altbackenes Weißbrot oder Brötchen
100 g Emmentaler
100 g magerer Katenschinken
200 g saure Sahne
150 ml Milch, 1,5%
4 Eier
½ TL Paprikapulver edelsüß
etwas Muskat
Salz, Pfeffer
1 kleiner Brokkoli
1 TL Öl

Zubereitung

1 Brot oder Brötchen würfeln und in eine Schüssel geben. Käse reiben, Schinken in kleine Würfel schneiden.

2 Saure Sahne, Milch und Eier in einer weiteren Schüssel mischen, Paprika und Muskat hinzugeben und kräftig salzen und pfeffern. Käse und Schinken unterrühren und die Mischung über die Brotwürfel gießen. 10 Minuten durchziehen lassen.

3 Brokkoli abbrausen und in kleine Röschen teilen. 2 bis 3 Minuten in heißem Wasser blanchieren und gut abtropfen lassen.

4 Die Brotwürfel vorsichtig umrühren, weitere 5 Minuten stehen lassen.

5 Eine Auflaufform mit Öl einfetten. Brotwürfelmasse und Brokkoli in die Form schichten und den Auflauf bei 180 °C Umluft etwa 30 Minuten backen. Wenn der Auflauf zu dunkel wird, während der letzten 5 bis 10 Minuten mit Alufolie abdecken.

Chili con Pollo

Die fettarme Alternative

Eine Portion enthält

233 kcal (978 kJ)	28 g Eiweiß
19,4 g Kohlenhydrate	49 mg Kalzium
5,5 g Ballaststoffe	Vitamin C + K
4,4 g Fett	

Zutaten für 4 Portionen

1 Zwiebel
1 Knoblauchzehe
350 g Bio-Hähnchenbrustfilet
1 kleine Paprikaschote
1 Chilischote
265 g Kidneybohnen
140 g Mais
1 EL Rapsöl
½ TL Pul Biber
½ TL Kreuzkümmel
1 Msp. gemahlener Ingwer
1 Msp. Zimt
1 EL Tomatenmark
500 g passierte oder stückige Tomaten (Konserve)
Salz, Pfeffer
1 Prise Zucker

Zubereitung

1 Zwiebel und Knoblauch schälen, beides fein würfeln. Das Fleisch in mundgerechte Stücke schneiden. Paprika- und Chilischote waschen, Kerngehäuse entfernen (wer gerne scharf isst, kann die Chilischote im Ganzen verwenden). Chili in feine Streifen, Paprika in mundgerechte Stücke schneiden.

2 Bohnen und Mais in ein Sieb abgießen, unter fließendem Wasser abwaschen und gut abtropfen lassen.

3 Das Öl in einem Topf erhitzen, Zwiebeln, Knoblauch und Chilistreifen darin andünsten. Mit Pul Biber, Kreuzkümmel, Ingwer und Zimt würzen, dann das Fleisch zugeben und von allen Seiten anbraten. Tomatenmark mit anrösten, dann Paprika und Tomaten in den Topf geben. Aufkochen lassen, mit Salz, Pfeffer und Zucker würzen.

4 Bohnen und Mais zugeben und bei geringer Hitze in der Sauce erwärmen, nicht mehr kochen.

TIPP

Dazu schmeckt Reis oder Brot.

Gefüllte Gurken

Fettarm und leicht verdaulich

Eine Portion enthält

313 kcal (1314 kJ)	20 g Eiweiß
30 g Kohlenhydrate	138 mg Kalzium
1,5 g Ballaststoffe	Vitamin B12 + K
12,4 g Fett	

Zutaten für 4 Portionen

2 große, reife Schälgurken (200–250 g pro Stück)
125 g Reis
Salz
1 mittelgroße Zwiebel
1 EL Rapsöl
250 g Rinderhack
1 Schuss Weißwein
125 ml Milch, 1,5 % Fett
2 TL Dijon-Senf
1 EL Frischkäse, 17 % Fett
Pfeffer
etwas gehackter Dill
2 EL geriebener Parmesan

Zubereitung

1 Die Gurken schälen und der Länge nach durchschneiden. Mit einem Löffel das Kerngehäuse entfernen.

2 Den Reis in Salzwasser bissfest kochen.

3 Die Zwiebel schälen und in feine Würfel schneiden. Das Öl in einer Pfanne erhitzen, darin die Zwiebeln andünsten. Das Hackfleisch hinzugeben und krümelig anbraten. Mit einem guten Schuss Weißwein ablöschen. Milch, Frischkäse und Senf untermischen und aufkochen lassen. Mit Salz und Pfeffer würzen.

4 Den gekochten Reis unterheben und die Mischung auf die Gurkenhälften verteilen. Die Gurken in eine Auflaufform legen, mit frischem Dill und Parmesan bestreuen. Bei 180 °C Umluft im Backofen ca. 30 Minuten garen.

Hähnchenfrikadellen

Die fettarme Alternative

Eine Portion enthält

362 kcal (1520 kJ)	25,6 g Eiweiß
16 g Kohlenhydrate	92 mg Kalzium
7 g Fett	

Zutaten für 4 Portionen

1 kleines, trockenes Brötchen
165 ml Milch
1 großes Ei
1 gehäufter TL Senf
1 gehäufter TL Paprikapulver edelsüß
1 TL Salz
Pfeffer
Muskat
3 TL frische Kräuter (Thymian, Rosmarin, Petersilie, Schnittknoblauch)
350 g frisches Hähnchenbrustfilet
3 EL Paniermehl
2 EL Rapsöl

Zubereitung

1 Das Brötchen in der Milch einweichen, ausdrücken und mit allen Zutaten außer dem Fleisch und dem Paniermehl vermischen und zu einer glatten Masse kneten. Diese Masse kann und darf gekostet werden und sollte gut gewürzt schmecken.

2 Fleisch trocken tupfen und mit einem Wiegemesser sehr fein hacken. Anschließend zusammen mit dem Paniermehl unter die Brötchenmasse kneten. Den Fleischteig mindestens 1 Stunde im Kühlschrank durchziehen lassen.

3 Das Öl in einer Pfanne erhitzen. 8 Frikadellen aus dem Teig formen und von beiden Seiten braten. Die Frikadellen müssen gut durchgebraten sein.

Indonesischer Rindfleischsalat

Mageres Fleisch in Maßen genießen

Eine Portion enthält

365 kcal (1533 kJ)	45,8 g Eiweiß
7,5 g Kohlenhydrate	86 mg Kalzium
3,3 g Ballaststoffe	Vitamin C + K
16,1 g Fett	

Zutaten für 4 Portionen

4 Rinderfiletsteaks (à 200 g)
1 unbehandelte Limette
1 Knoblauchzehe
3 EL dunkle Sojasauce
1 TL Chiliflocken
400 g Chinakohl
100 g Salatgurke
4 Frühlingszwiebeln
2 EL Rapsöl
2 EL Erdnussbutter
3 EL Kokosmilch
1 EL dunkle Sojasauce
2 TL brauner Zucker
etwas frischer Koriander (optional)

Zubereitung

1 Die Steaks parieren, also Sehnen, Silberhäutchen und Fett vorsichtig entfernen.

2 Die Limette auspressen. Den Knoblauch abziehen und fein hacken. 1 EL Limettensaft mit Knoblauch, 2 EL Sojasauce und Chiliflocken als Marinade über das Fleisch geben und abgedeckt 1 Stunde durchziehen lassen.

3 Chinakohl putzen und in feine Streifen schneiden. Gurke waschen und in feine Scheiben schneiden. Frühlingszwiebel putzen und in dünne Ringe schneiden. Alles in einer Schüssel miteinander mischen.

4 In einer Pfanne das Öl erhitzen und die Steaks von beiden Seiten bis zum gewünschten Ergebnis braten (rare, medium oder well done). Auf einen Teller legen und abdecken.

5 Erdnussbutter, Kokosmilch, restliche Sojasauce, Zucker und 1 EL Limettensaft in die Pfanne geben und erwärmen, bis Erdnussbutter und Zucker vollständig geschmolzen sind. Wenn die Sauce zu dickflüssig ist, etwas Wasser zugeben.

6 Den Salat auf Tellern verteilen, die Steaks in dünne Scheiben schneiden und darauf legen. Mit Dressing beträufeln und nach Belieben mit frischen Korianderblättern dekorieren.

Vollkorn-Pizza „Hawaii“

Die ausgewogene Alternative

Eine Portion enthält

698 kcal (2931 kJ)	31,4 g Eiweiß
79 g Kohlenhydrate	550 mg Kalzium
12 g Ballaststoffe	Vitamin E + K
17,4 g Fett	

Zutaten für 1 Blech (4 Portionen)

400 g Vollkornweizenmehl
1 Pck. Trockenhefe
½ TL Salz
250 ml Milch, 1,5 % Fett
50 ml Olivenöl
6 EL passierte Tomaten
2 TL italienische Kräuter
150 g geriebener Mozzarella
8 Scheiben Putenbrust-Aufschnitt
500 g Ananas in Stücken (ungezuckert, Konserve oder frisch)

Zubereitung

1 Mehl mit Hefe und Salz mischen. Die Milch leicht erwärmen, zusammen mit dem Öl zum Mehl geben. Alles zu einem glatten Teig kneten und diesen bei Zimmertemperatur 1 Stunde gehen lassen.

2 Den Teig noch mal kurz kneten. Ein Blech leicht einölen, den Teig ausrollen und auf das Blech legen.

3 Tomatensauce und Kräuter auf dem Teig verteilen, alles mit Käse bestreuen und mit Putenbrust und Ananas belegen.

4 Die Pizza in den Ofen schieben und bei 220 ° Umluft etwa 15 Minuten backen.

Hähnchen-Pilaw

(nach Mascha Kauka)

Soulfood mit 10 Gewürzen

Eine Portion enthält

471 kcal (1978 kJ)	10 g Fett
57 g Kohlenhydrate	36,7 g Eiweiß
6 g Ballaststoffe	70 mg Kalzium

Zutaten für 4 Portionen

600 ml Gemüsebrühe
0,2 g Safranpulver
1 Zimtstange
1 große Gemüsezwiebel
1 Knoblauchzehe
1 EL frische Ingwerwurzel
100 g getrocknete Aprikosen
500 g Bio-Hähnchenbrustfilet
½ TL gemahlener Kreuzkümmel
1 Msp. Chilipulver
1 Msp. gemahlener Kardamom
frisch geriebene Muskatnuss
schwarzer Pfeffer aus der Mühle
4 EL Rapsöl
200 g Langkornreis
1 Lorbeerblatt
1 TL Salz

Zubereitung

1 Die Gemüsebrühe mit Safran und Zimtstange in einem Topf aufkochen. Vom Herd nehmen und ziehen lassen.

2 Zwiebel und Knoblauchzehe abziehen und in feine Würfel schneiden, Ingwer schälen und fein hacken, die Aprikosen etwas gröber zerteilen. Fleisch trocken tupfen, in mundgerechte Stücke schneiden.

3 In einem Schälchen Kreuzkümmel, Chilipulver, Kardamom, Muskat und Pfeffer miteinander mischen.

4 2 EL Öl in einem Schmortopf erhitzen. Darin das Fleisch kurz von allen Seiten scharf anbraten und wieder herausnehmen. Restliches Öl in den Topf geben, Zwiebeln, Knoblauch und Ingwer zusammen mit den gemischten Gewürzen andünsten. Reis hinzugeben und glasig anschwitzen, dann mit der Brühe ablöschen. Die Zimtstange herausnehmen, dafür das Lorbeerblatt ergänzen.

5 Aprikosen und Salz unterrühren, das Fleisch wieder dazugeben, den Topf schließen und alles für 20 bis 25 Minuten bei 160 °C Umluft im Ofen garen. Nicht umrühren! Der Reis sollte nach Ablauf der Zeit gar sein und die Brühe fast vollständig aufgenommen haben.

TIPP

Ohne Fleisch ist dieses Gericht eine leckere, vegane Hauptspeise. Auch Varianten mit Hackbällchen und Kabeljau schmecken gut.

Sauerkrautrolle

Ideal für Gäste

Eine Portion enthält

280 kcal (1176 kJ)	10,6 g Fett
35 g Kohlenhydrate	9,9 g Eiweiß
4,5 g Ballaststoffe	38 mg Kalzium

Zutaten für 8 Portionen

Für den Hefeteig

200 g Weizenmehl Type 405
175 g Roggenmehl Type 1150
2 TL Salz
1 Würfel frische Hefe
1 TL Zucker
3 EL Olivenöl
2 TL Schwarzkümmel

Für die Füllung

1 mittelgroße Zwiebel
1 EL Rapsöl
500 g mildes Sauerkraut
1 Lorbeerblatt
3 Nelken
3 Wacholderbeeren
1 Messerspitze Piment
6 Bockwürstchen (Geflügel)

Zubereitung

1 Für den Hefeteig beide Mehlsorten und das Salz in einer Schüssel vermischen. Die Hefe zerkrümeln und zusammen mit Zucker in 250 ml lauwarmem Wasser auflösen, dann gemeinsam mit dem Öl zum Mehl geben. Mit dem Knethaken zuerst auf niedriger, dann auf hoher Stufe zu einem glatten Teig verrühren und zuletzt noch den Schwarzkümmel untermischen.

2 Den Teig an einem warmen Ort mindestens 30 Minuten gehen lassen. Dabei sollte er sich deutlich vergrößern.

3 Die Zwiebel schälen und in kleine Würfel schneiden. Das Öl erhitzen, darin die Zwiebeln glasig andünsten, dann das Sauerkraut zufügen. Alle Gewürze zugeben und ca. 15 bis 20 Minuten dünsten. Bei Bedarf ab und zu einen Löffel Wasser ergänzen, damit es nicht anbrennt. Die Mischung abkühlen lassen und die Gewürzkörner sowie das Lorbeerblatt entfernen.

4 Den Teig auf einer bemehlten Fläche kurz durchkneten, dann auf ca. 25 x 30 cm ausrollen. In die Mitte (der Länge nach) die Hälfte des Sauerkrauts verteilen. Die Bockwürstchen darauflegen und die zweite Hälfte Sauerkraut darüber geben.

5 Eine Seite des Teiges überschlagen, mit etwas Wasser bestreichen und mit der anderen Seite bedecken. Andrücken und die Enden verschließen. Die Rolle mit der Naht nach unten auf ein Blech mit Backpapier legen, mehrfach mit einer Gabel einstechen und weitere 20 Minuten zum Gehen an einen warmen Ort stellen. Den Ofen auf 200 °C Ober-/Unterhitze vorheizen.

6 Die Sauerkrautrolle mit Wasser bestreichen und 45 Minuten backen.

Hähnchenbrust auf Schmorgemüse

Eine leichte Hauptmahlzeit

Eine Portion enthält

326 kcal (1369 kJ)	40 g Eiweiß
24 g Kohlenhydrate	98 mg Kalzium
5,8 g Ballaststoffe	Vitamin C + K
5,6 g Fett	

Zutaten für 4 Portionen

1 kleine Stange Lauch
2 mittelgroße Zwiebeln
2 Möhren
1 kleine Paprikaschote
4 mittelgroße Kartoffeln
2 frische Hähnchenbrüste (mit Knochen etwa 600 g)
Salz, Pfeffer
2 EL Rapsöl
100 ml trockener Weißwein (z. B. Riesling)
100 ml Gemüsebrühe
1 Knoblauchzehe
1 kleines Bund gemischte Kräuter (Thymian, Majoran, Petersilie)
4 Zweige Rosmarin
1–2 EL Speisestärke (optional)

Zubereitung

1 Lauch, Zwiebeln, Möhren und Paprika waschen, ggf. schälen, putzen und zerkleinern. Kartoffeln schälen und in gleichmäßig dicke Scheiben schneiden.

2 Das Öl in einem Schmortopf erhitzen. Die Hähnchenbrüste salzen, pfeffern und auf der Hautseite anbraten. Lauch, Zwiebeln, Möhren und Paprika kurz mit anbraten. Die Hähnchenbrüste wenden, Wein und Brühe zugießen und die Kartoffeln kranzförmig um das Fleisch legen.

3 Knoblauchzehe und Kräuter, bis auf Rosmarin, fein hacken und in den Topf geben. 35 Minuten mit geschlossenem Deckel bei mittlerer Hitze schmoren lassen.

4 Anschließend den Deckel abnehmen, alles mit Rosmarin belegen und das Gericht 10 Minuten im Ofen bei 200 °C Umluft fertig garen. Die Brühe vor dem Servieren nach Belieben mit etwas Stärke aufkochen und binden.

Shepherd's Pie

Reich an Vitamin C und K

Eine Portion enthält

555 kcal (2331 kJ)	8,6 g Eiweiß
36,3 g Kohlenhydrate	99 mg Kalzium
8,5 g Ballaststoffe	Vitamin C + K
28 g Fett	

Zutaten für 4 Portionen

1 große Zwiebel
2 Möhren
1 EL Rapsöl
500 g Rinderhack
125 ml Rotwein
280 ml Rinderfond
1 EL Tomatenmark
1 EL Worcestershire Sauce
Salz, Pfeffer
2 EL Maismehl
125 g Erbsen (TK)
600 g Kartoffeln
300 g Blumenkohl
100–150 ml Milch, 1,5 % Fett
15 g Butter

Zubereitung

1 Zwiebel und Möhren schälen. Zwiebel in feine Würfel und Möhren in Stifte schneiden.

2 Öl in einer Pfanne erhitzen, Zwiebeln darin andünsten. Hackfleisch dazugeben und krümelig anbraten. Mit Rotwein und Rinderfond ablöschen, dann Tomatenmark und Worcestershire Sauce hinzugeben. Kräftig mit Salz und Pfeffer würzen. Möhrenstifte zufügen, 10 Minuten köcheln lassen, abschließend alles mit Maismehl andicken und die Erbsen unterheben.

3 Kartoffeln schälen und in Stücke schneiden, Blumenkohl in kleine Röschen teilen. Kartoffeln in Salzwasser kochen und in den letzten Minuten den Blumenkohl mitgaren. Anschließend abgießen und fein stampfen. Milch und Butter in einem Topf erwärmen und portionsweise mit dem Kartoffelstampf verrühren. Dieser sollte nicht zu flüssig werden. Mit etwas Salz würzen.

4 Die Hackmasse in eine Auflaufform füllen und vorsichtig mit dem Kartoffelstampf bedecken. Mit einer Gabel Streifen in den Stampf ziehen. Bei 180 °C Umluft ca. 45 Minuten im Backofen überbacken.

SNACKS UND FINGERFOOD

Brotchips

Selbstgemacht schmeckt am besten

Eine Portion enthält

143 kcal (600 kJ)	8,3 g Fett
14,9 Kohlenhydrate	2 g Eiweiß
1 g Ballaststoffe	

Zutaten für 1 Portion

1 EL Rapsöl
2 Prisen Salz
½ TL gerebelter Thymian
½ frisches Brötchen

Zubereitung

1 Den Backofen auf 180 °C Ober-/Unterhitze vorheizen. Das Öl mit Salz und Thymian vermischen.

2 Die Brötchen in sehr dünne Scheiben schneiden (max. 4 bis 5 mm). Die Scheiben auf einen Backrost legen und mit dem Öl bestreichen.

3 Die Brotchips 10 bis 12 Minuten auf der mittleren Schiene knusprig backen.

Herzhafte Waffel-Bites

Fettarme Alternative

Nährwerte pro Stück

31 kcal (130 kJ)	1 g Fett
3,5 g Kohlenhydrate	1,8 g Eiweiß
0,2 g Ballaststoffe	32 g Kalzium

Zutaten für 20 Stück

40 g Hartkäse, Halbfettstufe
40 g Putenbrust-Aufschnitt
1 Stück Zwiebel
1 Stück Apfel
90 g Weizenmehl Type 405
1 geh. TL Backpulver
1 EL gehackte Petersilie
80 g Buttermilch
½ EL Rapsöl , 1 Ei
Salz, Pfeffer

Zubereitung

1 Käse, Putenbrust, Zwiebel und Apfel in kleine Würfel schneiden. Mit Mehl, Backpulver und Petersilie in einer Schüssel verrühren.

2 Buttermilch, Öl und Ei in einer separaten Schüssel aufschlagen und anschließend mit den trockenen Zutaten mischen. Mit Salz und Pfeffer würzen.

3 Den Teig 10 bis 15 Minuten ruhen lassen. Dann portionsweise in einem Waffeleisen backen.

Antipasti-Brötchen

Ein sättigender Snack

Ein Brötchen enthält

60 kcal (252 kJ)	2 g Fett
8,7 g Kohlenhydrate	1,6 g Eiweiß
0,6 g Ballaststoffe	

Zutaten für 25 Stück

1 kleine Zwiebel
1 EL Rapsöl
5–6 getrocknete Tomaten in Öl
80 g schwarze Oliven ohne Stein
10 g frische Hefe
½ TL Zucker
300 g Dinkelmehl Type 630
1 TL Salz
Pfeffer

TIPP

Wenn der Teig zu trocken erscheint, geben Sie esslöffelweise Wasser dazu. Der Teig sollte leicht feucht sein, aber nicht übermäßig kleben.

Zubereitung

1 Die Zwiebel schälen und fein würfeln. Das Öl in einer kleinen Pfanne erhitzen, darin die Zwiebel glasig dünsten. Anschließend abkühlen lassen.

2 Getrocknete Tomaten und Oliven in kleine Würfel schneiden. Hefe und Zucker in einer Rührschüssel in 2 bis 3 EL lauwarmem Wasser auflösen. Mehl, Salz, Pfeffer, 3 EL Tomatenöl (von den eingelegten Tomaten) und 100 ml Wasser dazugießen und alles mischen. Gewürfelte Oliven, Tomaten und Zwiebeln zufügen. Alles gut durchkneten, bis ein glatter Teig entsteht. Abgedeckt 1 Stunde bei Raumtemperatur gehen lassen.

3 Den Teig noch mal kurz durchkneten, dann etwa 25 pralinengroße Brötchen daraus formen. Auf ein Backblech mit Backpapier setzen und weitere 10 Minuten bei Raumtemperatur gehen lassen.

4 Die Brötchen mit etwas Wasser besprenkeln, in den kalten Backofen stellen und bei 180 °C Umluft etwa 20 Minuten backen.

Bärlauch-Käse-Scones

Ein sättigender Snack

Ein Scone enthält

121 kcal (508 kJ)	5 g Fett
15,3 g Kohlenhydrate	3,7 g Eiweiß
0,7 g Ballaststoffe	44 mg Kalzium

Zutaten für 12 Stück

8–10 Bärlauchblätter
60 g Mozzarella
250 g Dinkelmehl Type 630
1 gestr. TL Salz
1 Prise Zucker
schwarzer Pfeffer
3 gestr. TL Backpulver
50 g kalte Butter
100 ml Milch, 1,5 % Fett
etwas Milch zum Bestreichen

Zubereitung

1 Bärlauch waschen, trocken tupfen und hacken. Mozzarella in kleine Würfel schneiden.

2 In einer großen Schüssel Mehl, Salz, Zucker, Pfeffer und Backpulver vermischen. Die kalte Butter in kleinen Stücken darauf geben und grob unterheben. Bärlauch, Käse und Milch dazugeben und alles kurz kneten, bis die Zutaten miteinander verbunden sind. Den Teig 15 Minuten ruhen lassen.

3 Anschließend aus dem Teig in etwa 12 Kugeln formen, diese auf ein Blech mit Backpapier legen und mit etwas Milch bestreichen.

4 Die Scones bei 160 °C Umluft etwa 15 Minuten backen, bis sie goldbraun sind.

Bruschetta mit Birne und Feta

Auch als Vorspeise geeignet

Eine Portion enthält

78 kcal (327 kJ)	3,4 g Fett
9,3 g Kohlenhydrate	2,7 g Eiweiß
1,3 g Ballaststoffe	50 mg Kalzium

Zutaten für 8 Scheiben

1 rote Zwiebel
1 reife Birne
1–2 EL Olivenöl
1 Ciabatta-Brötchen
75 g Feta
Salz, schwarzer Pfeffer
etwas Rosmarin
1–2 TL Honig

Zubereitung

1 Die Zwiebel schälen und sehr fein würfeln. Die Birne ebenfalls in Würfel schneiden (gerne mit Schale, wenn diese nicht zu fest ist).

2 1 TL Olivenöl erhitzen, darin die Zwiebel glasig dünsten, dann die Birnen zugeben, kurz durchschwenken und die Pfanne vom Herd nehmen.

3 Eine zweite Pfanne erhitzen. Das Brötchen in gleichmäßige Scheiben schneiden, jeweils eine Seite dünn mit Olivenöl bestreichen und mit dieser in die heiße Pfanne legen. Sobald die erste Seite zart knusprig gebacken ist, die Scheiben wenden und die Zwiebel-Birnen-Mischung darauf verteilen. Feta darüber bröseln, mit Salz, schwarzem Pfeffer und etwas Rosmarin bestreuen. Direkt vor dem Servieren mit ein wenig Honig beträufeln.

Brotstangen

Ein knuspriger Snack für Zwischendurch

Eine Stange enthält

48,8 kcal (205 kJ)	1,6 g Fett
7,3 g Kohlenhydrate	1,2 g Eiweiß
0,4 g Ballaststoffe	

Zutaten für 30 Stück

12 g frische Hefe
½ TL Zucker
150 g Weizenmehl Type 405
150 g Dinkelmehl Type 630
10 g Grieß
1 gestr. TL Salz
50 ml Rapsöl

Zubereitung

1 Die Hefe in eine Schüssel krümeln, mit Zucker bedecken, 2 EL lauwarmes Wasser zugeben und die Hefe auflösen.

2 In einer zweiten Schüssel die beiden Mehle mit Grieß und Salz mischen und anschließend zur Hefe geben. Das Öl und 130 ml Wasser untermischen und alle Zutaten zu einem geschmeidigen Teig kneten.

3 Aus dem Teig 3 Kugeln formen, diese mit etwas Öl bestreichen und abgedeckt für 1 Stunde in den Kühlschrank stellen.

4 Den Backofen auf 180 °C Umluft vorheizen.

5 Die Teigkugeln einzeln aus dem Kühlschrank nehmen und verarbeiten, da der Teig bei Zimmertemperatur schnell aufgeht. Die Kugel flachdrücken und in ½ cm breite Streifen schneiden. Diese zu dünnen Stangen rollen und auf ein Blech mit Backpapier legen.

6 Die Brotstangen etwa 15 Minuten knusprig backen.

TIPP

Die Brotstangen schmecken zu Dips, Rohkost oder pur als Knabberei. Für etwas Abwechslung können Sie den Teig vor dem Backen mit Kräutern, Gewürzen oder Saaten bestreuen.

Nachos

Selbstgemacht schmeckt am besten

Eine Portion enthält

127 kcal (533 kJ)	3 g Fett
21,6 g Kohlenhydrate	3 g Eiweiß
1 g Ballaststoffe	28 mg Kalzium

Zutaten für 8 Portionen

150 g Maismehl
70 g Weizenmehl Type 405
1 TL Salz
etwas Pfeffer
1 TL Zucker
½ TL Chilipulver
1 EL Currypulver
125 ml Milch, 1,5 % Fett
20 g Butter

Zubereitung

1 Maismehl, Weizenmehl, Salz, etwas Pfeffer, Zucker, Chili- und Currypulver miteinander vermischen. Die Milch erhitzen, jedoch nicht kochen. Die Butter in der warmen Milch schmelzen, dann beides zur Mehlmischung geben und sofort zu einem glatten Teig kneten. Erscheint der Teig zu feucht oder klebrig, portionsweise weiter Maismehl dazugeben.

2 Den fertigen Teig halbieren und auf etwas Mehl so dünn wie möglich ausrollen. Anschließend zuerst in Streifen, dann Dreiecke schneiden. Die Nachos auf ein Blech mit Backpapier legen und im Ofen bei 175 °C Umluft etwa 8 Minuten backen. Sofort nach dem Herausnehmen mit Curry-, Chili- oder Paprikapulver bestreuen oder pur belassen.

Salsa-Sauce

Zu Nachos, Gemüsechips oder zum Grillen

Eine Portion enthält

23 kcal (97 kJ)	1 g Fett
2,7 g Kohlenhydrate	0,4 g Eiweiß
0,6 g Ballaststoffe	13 mg Kalzium

Zutaten für 8 Portionen

2 Frühlingszwiebeln
1 Knoblauchzehe
1 EL Rapsöl
200–250 g stückige Tomaten
2 TL brauner Zucker
Salz, Pfeffer
Chilipulver oder Currypulver nach Belieben

Zubereitung

Frühlingszwiebeln waschen und in feine Röllchen schneiden. Den Knoblauch fein hacken. Das Öl in einem Topf erhitzen, Knoblauch und Frühlingszwiebeln kurz darin andünsten, mit Tomaten aufgießen. Mit Zucker, Salz und Pfeffer würzen. Schärfe bringt eine Prise Chili- oder Currypulver. Die Salsa 5 bis 10 Minuten bei kleiner Temperatur ohne Deckel köcheln lassen. Abkühlen lassen und als Dip genießen.

Frozen-Joghurt-Häppchen

Reich an Kalzium

Eine Portion enthält

60 kcal (252 kJ)	3,5 g Fett
9,7 g Kohlenhydrate	3,5 g Eiweiß
3,9 g Ballaststoffe	107 g Kalzium

Zutaten für 4 Portionen

250 g Joghurt, 1,5 % Fett

150 g reife Himbeeren

2 reife Pfirsiche

1 Eiswürfelbehälter

Zubereitung

1 Die Himbeeren waschen und verlesen. Die Pfirsiche schälen und entkernen.

2 Eine Hälfte des Joghurts mit den Himbeeren, die andere Hälfte mit den Pfirsichen pürieren. Zuerst die eine Masse in eine Eiswürfelform füllen, dann die zweite Masse darauf verteilen.

3 Anschließend in den Gefrierschrank stellen und bis zur gewünschten Konsistenz frieren lassen. Dann eiskalt genießen.

Gemüsechips

Die gesunde Alternative

Eine Portion enthält

100 kcal (420 kJ)	6,2 g Fett
9,6 g Kohlenhydrate	1,4 g Eiweiß
2,7 g Ballaststoffe	35 mg Kalzium

Zutaten für 4 Portionen

1 Rote Bete

1 Pastinake

1 Süßkartoffel

3 EL Rapsöl

3 TL grobes Salz

Zubereitung

1 Rote Bete, Pastinake und Süßkartoffel (am besten mit Einmalhandschuhen) schälen, waschen und in sehr dünne Scheiben hobeln oder schneiden.

2 Die Scheiben mit Öl und Salz vermischen, auf einem mit Backpapier ausgelegten Blech verteilen und bei 120 °C Umluft etwa 90 Minuten backen. Die Backofentür dabei einen Spalt offen lassen.

TIPP

Mischen Sie die Gemüsescheiben getrennt voneinander mit Öl und Salz, damit die Rote-Bete-Scheiben nicht abfärben.

Gemüse-Wraps

Reich an Kalzium und Vitaminen

Ein Wrap enthält

235 kcal (990 kJ)	12,8 g Eiweiß
26 g Kohlenhydrate	194 mg Kalzium
5 g Ballaststoffe	Vitamin C + K
8,5 g Fett	

Zutaten für 6 Wraps

Für die Tortillas

150 g Weizenvollkornmehl
50 g Maismehl
1 TL Meersalz

Für die Füllung

1 Romana-Salatherz
1 Möhre
100 g Kohlrabi
150 g Salatgurke
1 kleine rote Paprikaschote
1 Tomate
100 g Putenbrust-Aufschnitt
50 g geriebener Käse
Salz, Pfeffer

Für die Salatcreme

200 g saure Sahne
1 EL Rapsöl
1 TL mittelscharfer Senf
gemischte italienische Kräuter
Salz, Pfeffer

Zubereitung

1 Für die Tortillas Weizenmehl, Maismehl und Salz in eine Schüssel geben. Nach und nach portionsweise 150 bis 200 ml Wasser hinzufügen und alles gut kneten. Der Teig sollte weich sein, jedoch nicht mehr kleben. Den Teig in Frischhaltefolie einwickeln und 1 Stunde im Kühlschrank ruhen lassen.

2 Inzwischen für die Füllung den Salat und das Gemüse je nach Sorte waschen, schälen, putzen und schneiden bzw. reiben. Die Putenbrust in Streifen schneiden.

3 Für die Salatcreme saure Sahne mit Öl, Senf und Kräutern verrühren, würzen.

4 Den Teig in 6 Portionen teilen, diese zu kleinen Kugeln formen und auf einer bemehlten Fläche so dünn wie möglich ausrollen. Eine beschichtete Pfanne erhitzen, darin die Fladen ohne Fett bei mittlerer Hitze von beiden Seiten kurz backen.

5 Die fertigen Fladen mit Salatcreme bestreichen, in der Mitte mit Gemüse und Putenbrust belegen, etwas Käse darüber streuen, salzen, pfeffern und zum Wrap aufrollen.

TIPP

Rollen Sie die Wraps fest in Backpapier oder doppeltes Butterbrotpapier ein und drehen Sie die Enden zu, wie bei einem Bonbon. Dann können Sie die Rollen durchschneiden und direkt aus dem Papier essen.

Zaziki mit Feta

Reich an Kalzium und Vitamin C

Eine Portion enthält

138 kcal (579 kJ)	10,5 g Eiweiß
4,3 g Kohlenhydrate	199 mg Kalzium
0,5 g Ballaststoffe	Vitamin C
8,5 g Fett	

Zutaten für 4 Portionen

250 g Salatgurke
150 g Frischkäse, 17 % Fett
100 g saure Sahne
1 TL Zitronensaft
1 TL Olivenöl
2 Knoblauchzehen
100 g Feta
Salz, Pfeffer
etwas Thymian und Dill

Zubereitung

1 Die Gurke der Länge nach teilen, das Kerngehäuse entfernen und die Hälften in feine Scheiben schneiden. Die Knoblauchzehen abziehen und sehr fein hacken.

2 Frischkäse und saure Sahne mit Zitronensaft, Olivenöl und den gehackten Knoblauchzehen mischen. Gurkenscheiben und zerbröselten Feta unterheben. Das Zaziki mit Salz, Pfeffer und gehackten Kräutern abschmecken und 2 Stunden im Kühlschrank durchziehen lassen.

Zucchini-Taler

Schmecken warm und kalt

Eine Portion enthält

145 kcal (609 kJ)	8,7 g Fett
6,4 g Kohlenhydrate	10,5 g Eiweiß
1,2 g Ballaststoffe	224 mg Kalzium

Zutaten für 2 Portionen

1 kleine Zucchini
Pfeffer
1 Ei
Salz
30 g frisch geriebener Parmesan
1 EL Paniermehl

Zubereitung

1 Zucchini waschen, putzen, in gleichmäßige, etwa ½ cm dicke Scheiben schneiden, mit Pfeffer bestreuen.

2 Das Ei verquirlen und salzen. Geriebenen Parmesan mit Paniermehl mischen. Beides jeweils auf einen Teller geben.

3 Die Zucchini-Scheiben durch das Ei ziehen, mit Parmesanbröseln panieren und nebeneinander auf ein Blech mit Backpapier legen. Bei 220 °C Umluft 12 bis 15 Minuten backen, bis sie goldbraun und leicht knusprig sind.

TIPP

Die fertigen Taler schmecken pur oder als Beilage.

Zucchini-Kartoffeln

Als Zwischenmahlzeit oder Beilage

Eine Portion enthält

98 kcal (411 kJ)	3,5 g Fett
12,7 g Kohlenhydrate	3,3 g Eiweiß
2,2 g Ballaststoffe	49 mg Kalzium

Zutaten für 4 Portionen

8 mittelgroße Kartoffeln
1 Bund Basilikum
2 EL Rapsöl
1 kleine Zucchini
Salz, Pfeffer
50 g geriebener Mozzarella

Zubereitung

1 Die Kartoffeln mit Schale in Salzwasser garen, dann schälen und in 4 dicke Scheiben teilen.

2 Das Basilikum waschen, trocknen und mit Rapsöl pürieren. Die Zucchini waschen, putzen, in ½ cm dicke Scheiben schneiden, mit Salz und Pfeffer würzen. Die Scheiben mit Basilikumöl bestreichen und mit Käse bestreuen.

3 Nun mit der Kartoffel beginnend Kartoffel- und Zucchinischeiben abwechselnd stapeln und mit einem Spieß fixieren. Auf ein Blech mit Backpapier legen, mit restlichem Basilikumöl bepinseln. Bei 180 °C Umluft etwa 20 Minuten goldgelb bräunen.

TIPP

Dazu schmeckt das Zaziki von Seite 140.

Gurken-Sushi

Fettarm und reich an Vitaminen

Eine Portion enthält

185 kcal (779 kJ)	4,8 g Eiweiß
39 g Kohlenhydrate	50 mg Kalzium
3,1 g Ballaststoffe	Vitamin C + K
0,9 g Fett	

Zutaten für 4 Portionen

125 g Sushi-Reis
20 ml Reisessig
1 EL Zucker
1 TL Salz
2 möglichst gerade Salatgurken
1 Möhre
1 rote Spitzpaprika
2 Frühlingszwiebeln
2 EL Sojasauce

Zubereitung

1 Den Reis in einer Schüssel waschen, bis das Wasser klar bleibt. Mit 250 ml frischem Wasser in einen kleinen Topf füllen, kurz aufkochen lassen, dann die Hitze stark reduzieren und Reis bei geschlossenem Deckel 15 Minuten quellen lassen. Der Reis sollte nach dem Quellen das komplette Wasser aufgenommen haben. Sollte dies nicht der Fall sein, den Reis in ein Sieb abgießen und abtropfen lassen.

2 Inzwischen Reisessig, Zucker und Salz leicht erwärmen, bis sich Zucker und Salz vollständig aufgelöst haben (= Sushi Zu). Die Essigmischung (Sushi Zu) mit einem Holzlöffel unter den warmen Reis heben und alles bis zur Verarbeitung mit einem feuchten Tuch abdecken.

3 Gurken waschen, in 2 Stücke teilen und das Kerngehäuse mit einem langen Löffel oder Messer vollständig herauskratzen. Paprika waschen und putzen, Möhre schälen, beides in lange, dünne Stifte schneiden. Frühlingszwiebel putzen und an die Länge der Gurkenstücke anpassen.

4 Den Reis portionsweise mit einem Teelöffel in die Gurken füllen und mit einem angefeuchteten Kochlöffelstiel an die Ränder drücken. Anschließend mit den Gemüsestiften auffüllen. Es sollten keine Freiräume bleiben, damit die Füllung nach dem Aufschneiden nicht zu lose ist.

5 Die gefüllten Gurken möglichst bald mit einem großen, scharfen Messer in fingerdicke Scheiben schneiden. Mit Sojasauce servieren.

TIPP

Achten Sie bei der Reiszubereitung auch auf die Herstellerangaben des Produkts, damit nichts schiefgeht.

GETRÄNKE

Frühstücksaft

Reich an Vitamin K

Ein Glas enthält

110 kcal (462 kJ)	1,9 g Eiweiß
18,6 g Kohlenhydrate	77 mg Kalzium
6 g Ballaststoffel	Vitamin C + K
2,2 g Fett	

Zutaten für 2 Gläser

2 Möhren
1 kleiner Apfel
200 ml frischer Orangensaft
3 EL frischer Limettensaft
1 TL Rapsöl

Zubereitung

Möhren und Apfel waschen, schälen und klein schneiden. Alle Zutaten im Mixer pürieren.

TIPP

Ein Glas von diesem Frühstückssaft deckt den Tagesbedarf an Vitamin K.

Blaubeer-Smoothie

Süß und sättigend

Ein Glas enthält

173 kcal (729 kJ)	5 g Eiweiß
30 g Kohlenhydrate	177 mg Kalzium
4,8 g Ballaststoffe	Vitamin C
2,4 g Fett	

Zutaten für 2 Gläser

150 g Blaubeeren
1 reife Banane
250 g Joghurt, 1,5 % Fett
2 TL Honig

Zubereitung

Blaubeeren waschen und verlesen, Banane schälen und grob zerteilen. Beides zusammen mit Joghurt und Honig cremig pürieren und gut gekühlt genießen.

Melonen-Minze-Shake

Reich an Kalzium und Vitamin C

Ein Glas enthält

177 kcal (743 kJ)	6,9 g Eiweiß
27,5 g Kohlenhydrate	243 mg Kalzium
0,25 g Ballaststoffe	Vitamin C
3,2 g Fett	

Zutaten für 2 Gläser

200 g Wassermelone (Fruchtfleisch)
100 g Joghurt, 1,5 % Fett
1 TL Honig
200 ml Milch, 1,5%
2 EL Erdbeersirup (oder Bio-Direktsaft)
4 große Blätter Minze

Zubereitung

Fruchtfleisch der Melone in Stücke schneiden und zusammen mit allen anderen Zutaten cremig pürieren. 20 Minuten im Kühlschrank durchziehen lassen.

Kräuterlimonade

Kalorienarme Erfrischung

Ein Liter enthält

91 kcal (382 kJ)	0,5 g Eiweiß
19,7 g Kohlenhydrate	29 mg Kalzium
0,7 g Ballaststoffe	Vitamin C
0,5 g Fett	

Zutaten für 1 Liter

100 ml Apfelsaft (ohne Zuckerzusatz)
1 TL Honig
2 EL Zitronensaft
3 EL gehackte Kräuter (Zitronenmelisse, Majoran, Minze und Rosmarin)
700 ml Mineralwasser

Zubereitung

1 Apfelsaft mit 100 ml frischem Wasser und Honig in einen kleinen Topf gießen und erhitzen (nicht kochen). Zitronensaft und fein gehackte Kräuter hinzugeben, den Sud 1 bis 2 Stunden gut durchziehen und vollständig abkühlen lassen.

2 Den kalten Sud durch ein Sieb schütten und dabei die Kräuter mit einem Löffel ausdrücken. Mit Mineralwasser aufgießen.

TIPP

Die Menge kann nach Belieben dosiert werden, wer es herb mag, nimmt nur 500 ml Mineralwasser.

Goldene Milch

Gesunder Glücklichmacher

Ein Glas enthält

122 kcal (510 kJ)	6 g Fett
15 g Kohlenhydrate	1,9 g Eiweiß
0,1 g Ballaststoffe	

Zutaten für 2 Gläser

1 cm frischer Ingwer
400 ml Mandelmilch
1 TL Kurkuma
1 TL mildes Rapsöl
1 TL Honig
½ TL Zimt
1 Messerspitze Kardamom
schwarzer Pfeffer aus der Mühle

Zubereitung

Den Ingwer schälen und fein hacken. Die Mandelmilch erhitzen, sämtliche Zutaten dazugeben, und alles mit einem Stabmixer fein pürieren. Warm genießen.

TIPP

Die „Goldene Milch" ist ein sehr wirksamer Entzündungshemmer aus der ayurvedischen Küche.

Erdbeer-Melonen-Smoothie

Reich an Vitamin C

Ein Glas enthält

68 kcal (285 kJ)	1,5 g Eiweiß
13,2 g Kohlenhydrate	22 mg Kalzium
1,3 g Ballaststoffe	Vitamin C
0,7 g Fett	

Zutaten für 6 Gläser

600 g Wassermelone (Fruchtfleisch)
300 g Erdbeeren
3 unbehandelte Limetten
2 EL Rohrzucker

Zubereitung

1 Das Fruchtfleisch der Melone in Würfel schneiden und die schwarzen Kerne entfernen. Die Erdbeeren waschen, putzen und vierteln. 2 Limetten auspressen.

2 Melonenwürfel, Erdbeeren, Limettensaft und Rohrzucker im Mixer pürieren. Die übrige Limette in Scheiben schneiden und als Deko verwenden. Kalt stellen.

TIPP

Sie können den Smoothie pur genießen oder mit 250 ml Mineralwasser aufgießen, Eiswürfel zugeben und so zu einer erfrischenden Limonade verwandeln.

KUCHEN UND SÜSSES

Apfel-Waffeln

Eine vollwertige Alternative

Eine Waffel enthält

230 kcal (966 kJ)
23,8 g Kohlenhydrate
3 g Ballaststoffe
12,6 g Fett
5,3 g Eiweiß
60 mg Kalzium
Vitamin D, E + K

Zutaten für 20 Stück

250 g Pflanzenmargarine
100 g Rohrzucker
1 Pck. Vanillezucker
1 Prise Salz
5 Eier
500 g Weizenvollkornmehl
1 Pck. Backpulver
500 ml Milch, 1,5 % Fett
2–3 aromatische Äpfel

Zubereitung

1 Margarine mit Rohrzucker, Vanillezucker und Salz schaumig aufschlagen, die Eier nacheinander unter Rühren dazugeben. Mehl mit Backpulver mischen und abwechselnd mit der Milch einrühren.

2 Die Äpfel schälen und das Kerngehäuse entfernen. Die Äpfel grob reiben und unter den Teig mischen.

3 Die Waffeln portionsweise in einem Waffeleisen ausbacken.

Apfelmus-Quark-Trifle

Reich an Kalzium

Ein Glas enthält

111 kcal (466 kJ)
33,4 g Kohlenhydrate
1,5 g Ballaststoffe
4 g Fett
11 g Eiweiß
101 mg Kalzium

Zutaten für 4 kleine Gläser

250 g Magerquark
20 g Zucker
1 Prise gemahlene Vanille
200 g Apfelmus (ohne Zuckerzusatz)
½ TL Zimt
16 Vollkornkekse
Rosinen (optional)

Zubereitung

1 Quark mit Zucker mischen und etwas gemahlene Vanille unterrühren. Apfelmus mit Zimt verrühren. Kekse in grobe Stücke brechen.

2 Alles in Gläser schichten: Kekse, 2 bis 3 EL Quark und zuletzt das Apfelmus. Das Ganze wiederholen und auf der letzten Schicht einige Rosinen verteilen. Mindestens 1 Stunde im Kühlschrank durchziehen lassen.

Blutorangen-Muffins

Süß, aber nicht schwer

Ein Muffin enthält

212 kcal (890 kJ)	11,4 g Eiweiß
29 g Kohlenhydrate	37 mg Kalzium
1,6 g Ballaststoffe	Vitamin E + K
8,8 g Fett	

Zutaten für 12 Stück

280 g Mehl
3 gestr. TL Backpulver
½ TL Natron
100 g Zucker
1 kleine Prise Salz
60 g Schokostreusel Zartbitter
1 Ei
1 Pck. Vanillezucker
100 ml Blutorangensaft
80 ml Rapsöl
200 g Buttermilch

Zubereitung

1 Die Mulden einer Muffinform mit Papierförmchen auslegen.

2 Mehl, Backpulver, Natron, Zucker, Salz und Schokostreusel in eine Schüssel geben und miteinander vermischen.

3 In einer weiteren Schüssel das Ei aufschlagen und mit Vanillezucker verquirlen. Blutorangensaft, Öl und Buttermilch mit dem Schneebesen unterrühren.

4 Mehlmischung zu den flüssigen Zutaten geben und vorsichtig unterheben, bis alle Zutaten feucht sind. Den Teig auf die 12 Mulden verteilen und die Muffins bei 180 °C Umluft ca. 25 Minuten backen.

TIPP

Sie können auch stabile Papierförmchen für Cupcakes verwenden, sie sind innen leicht beschichtet und müssen nicht gefettet werden. Feste Silikonförmchen müssen ebenfalls nicht gefettet werden. Für beide brauchen Sie kein Muffinblech.

Heidelbeer-Kokos-Muffins

Selbstgemacht schmeckt am besten

Ein Muffin enthält

192 kcal (808 kJ)	11,9 g Fett
18,7 g Kohlenhydrate	2,4 g Eiweiß
1,6 g Ballaststoffe	22 mg Kalzium

Zutaten für 12 Muffins

150 g Heidelbeeren
100 g Mehl
1 TL Backpulver
40 g Kokosflocken
130 g Margarine
140 g Rohrzucker
2 Eier
2 EL Milch, 1,5 % Fett
etwas Puderzucker zum Bestreuen

Zubereitung

1 Heidelbeeren waschen, verlesen und auf einem Küchentuch abtropfen lassen.

2 Das Mehl in eine Schüssel sieben, mit Backpulver und Kokosflocken vermischen.

3 In einer weiteren Schüssel Margarine mit dem Mixer schaumig aufschlagen, Zucker gut unterrühren und die Eier einzeln dazugeben. Mehlmischung und Milch unterrühren und zum Schluss die Heidelbeeren vorsichtig unterheben. Dabei einige Heidelbeeren zur Seite legen.

4 Den Teig in 12 Muffinförmchen füllen und bei 180 °C Umluft ca. 25 Minuten hellbraun backen. Zum Servieren mit Puderzucker und einigen Heidelbeeren dekorieren.

EAT
ME

Zwetschgen-Tartelettes

Enthalten Vitamin K

Eine Tartelette enthält

382 kcal (1604 kJ)	6,9 g Eiweiß
48,8 g Kohlenhydrate	32 mg Kalzium
4,5 g Ballaststoffe	Vitamin K
17,4 g Fett	

Zutaten für 10 Tartelettes

250 g Weizenmehl
250 g Dinkelmehl
1 Prise Zucker
½ TL Backpulver
½ TL Zimt
200 g kalte Margarine
1 Eigelb
1 kg Zwetschgen
3–5 EL Pflaumenmus

Zubereitung

1 Mehle mit Zucker, Backpulver, Zimt, Margarine, Eigelb und 5 EL Wasser zu einem Mürbeteig kneten. Etwa zwei Drittel des Teiges zu einer Kugel rollen, in Folie wickeln und in den Kühlschrank legen. Den Rest für die Streusel in einer Schüssel mit einer Gabel oder den Fingern zerkrümeln und zur Seite stellen.

2 Die Zwetschgen waschen, entsteinen, aufschneiden und noch zweimal einschneiden.

3 Die Tartelette-Förmchen leicht einfetten. Den Teig aus dem Kühlschrank nehmen, passend ausrollen und als Boden in die Förmchen legen. Dabei an den Seiten einen kleinen Rand hochziehen. Den Teigboden mit Pflaumenmus bestreichen und die Zwetschgen dicht darauf verteilen. Die Zwetschgen mit Streuseln belegen und die Tartelettes bei 160 °C Umluft ca. 45 Minuten backen.

Maustekakku – finnischer Gewürzkuchen

Leichter Schokogenuss

Ein Stück enthält

212 kcal (890 kJ)	3,5 g Eiweiß
28,8 g Kohlenhydrate	20 mg Kalzium
1 g Ballaststoffe	Vitamin K
9 g Fett	

Zutaten für 1 Gugelhupfform, 16 Stücke

300 g Dinkelmehl
2 TL Zimt
2 TL Kakao
1 TL gemahlener Ingwer
1 TL gemahlene Nelken
2 TL Natron
2 Eier
220 g Zucker
140 g zerlassene fettarme Margarine
140 g saure Sahne
140 g Apfelmus
etwas Paniermehl

Zubereitung

1 Mehl, Zimt, Kakao, Ingwer, Nelken und Natron in einer Schüssel vermischen.

2 In einer weiteren Schüssel Eier mit Zucker schaumig rühren, dann Margarine und saure Sahne unterrühren.

3 Zuletzt die trockenen Zutaten gemeinsam mit dem Apfelmus zur flüssigen Masse geben und alles verrühren, bis ein cremiger Teig entsteht.

4 Eine große Gugelhupfform einfetten und mit etwas Paniermehl ausstreuen. Den Kuchen bei 175 °C Umluft ca. 45 Minuten backen.

Kokos-Milchreis mit Erdbeeren

Reich an Kalzium

Eine Portion enthält

523 kcal (2196 kJ)	14 g Eiweiß
81 g Kohlenhydrate	335 mg Kalzium
3,3 g Ballaststoffe	Vitamin C
14 g Fett	

Zutaten für 4 Portionen

500 g frische Erdbeeren
45 g Zucker
1 l Milch, 1,5 % Fett
250 g Milchreis
60 g Kokosflocken
1 Pck. Vanillezucker
1 Prise Salz

Zubereitung

1 Erdbeeren waschen, putzen und in kleine Würfel schneiden. Mit 1 EL Zucker vermischen.

2 Für den Milchreis die Milch in einem Topf zum Kochen bringen. Den Milchreis zusammen mit der Hälfte der Kokosflocken hineinrühren. Bei mittlerer Temperatur ca. 25 Minuten quellen lassen, dabei gelegentlich umrühren. Nach Hälfte der Garzeit restlichen Zucker, Vanillezucker und Salz einrühren.

3 Der Milchreis ist fertig, wenn er schön bindet und die Reiskörner weich sind.

4 Die restlichen Kokosflocken in einer beschichteten Pfanne unter Rühren hellbraun rösten und vor dem Essen über den Milchreis streuen. Zusammen mit den Erdbeeren genießen.

Zwetschgenklöße

Gut für die Verdauung

Ein Kloß enthält

147 kcal (617 kJ)	4,4 g Fett
22,2 g Kohlenhydrate	4 g Eiweiß
2,5 g Ballaststoffe	15 mg Kalzium

Zutaten für 15 Stück

750 g gekochte Salzkartoffeln
15 Zwetschgen
250–300 g Mehl
2 Eier
Muskat
Salz
60 g Butter

Zubereitung

1 Kartoffeln durch eine Presse drücken und vollständig auskühlen lassen.

2 Die Zwetschgen entsteinen, dabei möglichst nicht halbieren.

3 Mehl, Eier, etwas Muskat und zwei kleine Prisen Salz mischen und mit den Kartoffeln zu einem homogenen Teig kneten.

4 Den Teig in 15 Portionen aufteilen. Mit bemehlten Händen jeweils eine Portion handtellergroß flach drücken, ein Zwetschge hineinlegen und vollständig mit Teig umschließen. Einen Kloß formen.

5 Leicht gesalzenes Wasser in einem großen Topf zum Kochen bringen, die Hitze reduzieren, Klöße vorsichtig hineingeben und ca. 20 Minuten ziehen lassen (das Wasser darf nicht mehr kochen).

6 Inzwischen in einer kleinen Pfanne die Butter mit einer Prise Salz zerlassen und bräunen. Die fertigen Klöße mit einer Schöpfkelle aus dem Wasser entnehmen und mit der gebräunten Butter anrichten.

TIPP

Beginnen Sie mit 250 g Mehl und geben Sie portionsweise mehr Mehl dazu, wenn der Teig zu feucht ist bzw. zu sehr klebt.

Seelestreichelnder Schokoladenpudding

Reich an Glück

Eine Portion enthält

217 kcal (911 kJ)	15 g Fett
17,5 g Kohlenhydrate	3 g Eiweiß
2 g Ballaststoffe	71 mg Kalzium

Zutaten für 8 kleine Schälchen

250 ml Milch, 1,5 % Fett
250 g Schlagsahne
150 g Raspelschokolade Zartbitter
3 EL Zucker
1 Pck. Vanillezucker
1 EL Kakao
3 geh. EL Speisestärke

Zubereitung

1 Die Hälfte der Milch zusammen mit der Sahne in einem Topf erhitzen. Raspelschokolade unter ständigem Rühren darin schmelzen.

2 Die restliche Milch mit Zucker, Vanillezucker, Kakao und Speisestärke gut verrühren und die entstandene Creme mit einem Schneebesen zur warmen Sahnemilch geben. Diese unter ständigem Rühren aufkochen und 2 Minuten köcheln lassen.

3 Den Pudding sofort essen oder in mit heißem Wasser ausgespülte Schälchen geben und mindestens 2 Stunden im Kühlschrank abkühlen lassen.

TIPP

Damit sich keine Haut bildet, legen Sie etwas Frischhaltefolie direkt auf den noch warmen Pudding.

Gedeckter Kirschkuchen

Vegan genießen

Ein Stück enthält

274 kcal (1150 kJ)	9,2 g Fett
43,3 g Kohlenhydrate	3,2 g Eiweiß
1,7 g Ballaststoffe	

Zutaten für 1 Springform (26 cm), 12 Stücke

1 Glas Sauerkirschen (680 g inklusive Saft)
40 g Speisestärke
½ reife Banane
375 g Mehl
80 g Rohrzucker
etwas gemahlene Vanille
150 g kalte Sojamargarine

Zubereitung

1 Die Kirschen in ein Sieb geben und den Saft in einem Topf auffangen. Die Speisestärke mit einem Schneebesen unter den Saft rühren, dabei aufkochen und den Saft so andicken. Die Kirschen dazugeben, nochmal kurz aufkochen, dann abkühlen lassen.

2 Die Banane mit einer Gabel zerdrücken. Das Mehl in eine Schüssel sieben. Zucker, gemahlene Vanille, 5 EL kaltes Wasser und den Bananenbrei dazugeben. Alles gut mischen, dann die kalte Margarine in Flöckchen dazugeben und alles rasch zu einem glatten Teig kneten. 10 Minuten in den Kühlschrank stellen.

3 Den Teig in 2 Hälften teilen. Eine Hälfte auf ca. auf 28 cm Durchmesser ausrollen, die andere auf ca. 26 cm. Eine Springform einfetten und den Teigboden vorsichtig hineinlegen, rundum sollte ein hoher Rand entstehen.

4 Die Kirschen auf den Boden geben und die Seitenränder des Teiges nach innen auf die Kirschen schlagen. Den übergeschlagenen Rand mit etwas Wasser bepinseln und den Teigdeckel darauf legen. Diesen mit einer Gabel mehrfach einstechen und den Kuchen bei 175 °C Umluft ca. 30 Minuten backen.

ANHANG

Hilfreiche Adressen und Webseiten

Deutsche Rheuma-Liga e. V.
Maximilianstraße 14, 53111 Bonn
Telefon: 0228 766060
info@rheuma-liga.de
www.rheuma-liga.de

Deutsche Gesellschaft für Rheumatologie e. V.
Köpenicker Straße 48/49 (Aufgang A)
10179 Berlin
Telefon: 030 24048470
info@dgrh.de
www.dgrh.de

Gesellschaft für Kinder- und Jugendrheumatologie
c/o Deutsches Rheumaforschungszentrum
Charitéplatz 1, 10117 Berlin
Telefon: 030 28460743
https://gkjr.de

Deutsche Gesellschaft für Ernährung e. V.
Godesberger Allee 18, 53175 Bonn
Telefon: 0228 3776600
webmaster@dge.de
www.dge.de

https://geton.rheuma-liga.de
Internetportal der Deutschen Rheuma-Liga für junge Menschen mit rheumatischen Erkrankungen

www.rheuma-online.de
Informationen, Selbsthilfegruppen, Erfahrungsaustausch und Foren

https://www.rheuma-liga.de/rheumafoon/
Eltern rheumakranker Kinder beraten am Telefon andere Betroffene und geben ihr Wissen und ihre Erfahrungen weiter

Rezeptregister

Frühstück

Suppen

Salate

Vegetarische Hauptspeisen

Hauptspeisen mit Fisch

Hauptspeisen mit Fleisch und Geflügel

Snacks und Fingerfood

Getränke

Kuchen und Süßes

Bibliografische Information der Deutschen Nationalbibliothek
Die Deutsche Nationalbibliothek verzeichnet diese Publikation in der deutschen Nationalbibliografie; detaillierte bibliografische Daten sind im Internet über http://dnb.ddb.de/ abrufbar.

ISBN 978-3-89993-943-9 (Print)
ISBN 978-3-8426-8846-9 (PDF)
ISBN 978-3-8426-8847-6 (EPUB)

Fotos:
Titelbild: GettyImages – Westend61
Janke Schäfer: 2/3, 4, 34/35, 38, 41, 43, 51, 53, 59, 63, 65, 69, 71, 72, 77, 83, 85, 87, 95, 105, 109, 115, 125, 131, 133, 137, 143, 149, 151, 152, 154, 160
123rf: Lilyana Vynogradova: 91
Fotolia.com: HandmadePictures: 1; pinkyone: 6/7; superfood: 17; photocrew: 49; weseetheworld: 55; juniart: 55; DIA: 61; emmi: 93; Es75: 123; Lsantilli: 141;
iStockphotos.com: Kelly Cline: 47

2. Auflage

Die Ratgebermarke der Schlüterschen Verlagsgesellschaft mbH & Co. KG
Hans-Böckler-Allee 7, 30173 Hannover
www.humboldt.de
www.schluetersche.de

Lektorat: Annette Gillich-Beltz, Essen
Layout: Groothuis, Lohfert, Consorten, Hamburg
Covergestaltung: semper smile Werbeagentur GmbH, München
Satz: Die Feder, Konzeption vor dem Druck GmbH, Wetzlar
Druck und Bindung: Gutenberg Beuys Feindruckerei GmbH, Langenhagen